西域

郑培凯 主编

名家讲坛

中外文明交流的中转站

黄山书社

图书在版编目(CIP)数据

西域:中外文明交流的中转站 / 郑培凯主编.—合肥:黄山书社,2016.12
ISBN 978-7-5461-6221-8

Ⅰ.①西… Ⅱ.①郑… Ⅲ.①西域-文化交流-文化史 Ⅳ.①K203

中国版本图书馆 CIP 数据核字(2017)第 000451 号

西域:中外文明交流的中转站
XIYU ZHONGWAI WENMING JIAOLIU DE ZHONGZHUANZHAN
郑培凯 主编

出品人 王晓光
策划 马磊 高杨
责任编辑 秦矿玲
装帧设计 观止堂_未氓
出版发行 时代出版传媒股份有限公司(http://www.press-mart.com)
黄山书社(http://www.hspress.cn)
地址邮编 安徽省合肥市蜀山区翡翠路1118号出版传媒广场7层 230071
印刷 合肥精艺印刷有限公司
版次 2017年4月第1版
印次 2017年4月第1次印刷
开本 710mm×1000mm 1/16
字数 140千字
印张 12.75
书号 ISBN 978-7-5461-6221-8
定价 28.00元

服务热线 0551-63533706
销售热线 0551-63533761
官方直营书店(http://hsssbook.taobao.com)

序

本书的众多作者就古代中外文明交流这个领域，从不同角度、以不同议题来探讨人类物质文明扩散的轨迹，追溯文化习俗的传布，以及相互影响的过程、递变的踪影。本书包含的文章，仅从各家诸多精彩论述之中，各取一脔，展示西域研究的光谱。其中所涉及的文献与考古材料，经过精心的组合，就像万花筒一样，显示出光彩夺目的图案，闪烁着文明接触与碰撞所产生的火花。

从历史地理的角度说，本书涉及的地域是“西域”以及通过西域联系欧亚大陆古代文明的丝绸之路。欧亚大陆古代文明的发展，就其地域而言，分别形成地中海东（再细分为埃及、两河流域及希腊罗马）、南亚印度及东亚中国三大区块，各有其相对独立的自主性，发展出面向不同的文化形态。然而，这三大区块之间，并非完全隔绝，其互通声气的管道就是通过西域的丝绸之路。

过去有不少学者探讨西域的地望四至，有人认为是今天的新疆，也有人认为包括陇西走廊，还有人强调葱岭及阿姆河以西迤北地带都属“西域”。学者也时常纠缠于丝路的起点，甲说长安，乙说洛阳，丙说敦煌，丁说酒泉，戊说阳关与玉门关，不一而足。

至于丝路的终点，更是众说纷纭，产生不少争论。近来学者得到大体的共识，即是，从历史文化的角度出发，“西域”的定义，在不同的历史阶段有其不同的范畴与概念，笼统言之，就是三大区块之间的“亚文明地带”。

称之为“西域”，是以中国文化为中心的地域观念的投射，是中国文明本体地域之西的泛称。而“丝绸之路”作为通称，也不是一条联络东西的“阳关大道”，而是联系起三大文明区块的交通网络，有流通的主动脉，也有涓滴相连的毛细血管，之间还有一些错落复杂的管道。因此，丝绸之路也就有了“高原丝绸之路”“西南丝绸之路”“草原丝绸之路”“丝绸南路”“丝绸北路”“丝绸中路”等不同的称呼，来应对不同的具体线路。本书不同作者在道及“西域”与“丝绸之路”时，有不同指涉，应当理解，其间有泛指的“通称”，也有特指的“专称”。作者是清楚的，也提供了明确的指涉脉络，我们作为读者，也应当概念清晰，就具体的情况来了解。

本书的面很广，乍看之下，似乎不成系统：霍巍探讨吐蕃在中外交流中所扮演的角色；蔡鸿生探索西域狮子形象传入中国及其演化；柴剑虹介绍敦煌地方志书所呈现的地方特色；金文京从敦煌变文及广西傩戏《舜子故事》的相似情节中，分析民间传说的流布脉络；荣新江讨论粟特商人及粟特文化在丝绸之路上的地位；赵丰就吐鲁番出土的纺织品探讨丝绸工艺的发展；齐东方就考古出土的金银器思考物质文明的交流；林梅村专注汉代西域地区艺术所受到的希腊的影响；张广达则结合了考古资料与中外文献，描绘了豹猎文化习俗传入唐土的异国情调。然而，通读全书，就会发现，西域作为东西文明的中转之地，多元文化在此接触碰撞，不同的文化因子得以传播，产生多彩多姿的影响，在人类文明发展史上扮演了绚丽的角色。

郑培凯

目　录

中古时期的“高原丝绸之路”
——吐蕃与中亚、南亚的交通

霍 巍

许多学者都曾指出，在7世纪最初的25年当中，亚洲大陆兴起了三大强国，每一个强国都对后来两个世纪产生了重大的影响。在亚洲的东方，中国处于它最为强盛的唐朝（618—907）；在唐朝疆域的西面，在青藏高原兴起了汉文史书中所称的“吐蕃”，由其著名首领松赞干布建立起统一的高原帝国；而在西方，阿拉伯人迅速兴起，成为中亚最为强大的势力，中国史书中称其为“大食”。其中，吐蕃帝国从7世纪后半叶以来随着其力量的不断强大，开始与唐朝和周边的南亚、中亚各国产生密切的联系，伴随着冲突与对抗，吐蕃与周边国家和地区的文化交流也时有发生，由此形成的交通路线被后人称为“高原丝绸之路”。本文主要介绍吐蕃与中亚、南亚等周边国家或地区之间中古时期的交通路线及其文化交流等问题。

一、吐蕃进入中亚地区的主要通道

这里所讲的“中亚”，也包括中国的新疆地区，即传统上的“西域”在内。据日本学者森安孝夫的考证，吐蕃最早开始出现在中亚，是在吐蕃芒松芒赞时代，相当于中原唐王朝龙朔二年（662 年）。森安孝夫认为，从地理条件来看，当时吐蕃连接中亚的路线一共有两条：一条是从西藏中部（吐蕃王朝发祥地）至西北的喀喇昆仑、帕米尔路线，另一条是自西藏东北往青海、柴达木的路线。

事实上，从文献上来看当时还并不止这两条路线。至少我们还可以举出两条：一条是西经勃律、绕道葱岭进入西域的“勃律道”，这条路线已有众多的研究者讨论过。而另一条，则是由吐蕃经过象雄（羊同）、过迦湿弥罗而进入中天竺的路线。据《新唐书·西域传》载，这条道路扼控吐蕃向勃律的进出，也被称为“吐蕃五大道”，笔者认为这很可能即为“勃律道”之一段。上面诸道中，从西北喀喇昆仑、帕米尔进入西域的一道，也被称为“中道”，具体来讲又可细分为两条路线：一条即穿越昆仑山与喀喇昆仑山之间的阿克赛钦地区路线；另一条则越过于阗南山（昆仑山与喀喇昆仑山）进入西域，或可称之为“吐蕃—于阗道”。后面我们将论述于阗与佛教传入西藏之间的关系，所以，这里首先对“中道”的情况稍作分析。

吐蕃与于阗的相互地理位置，在汉文史料中已有记载。如《隋书·西域传》“于阗国”条下载：“于阗国，都葱岭之北二百余里。东去鄯善千五百里，南去女国三千里，西去朱俱波千里，北去龟兹千四百里。”所谓“女国”，即汉藏文献当中所称的“大羊同国”或“象雄”。《释迦方志》亦载：“大羊同国，东接吐蕃，西接三波诃，北接于阗。”所以，从吐蕃去于阗的道路，其起始点似乎不应如森安孝夫所云起自西藏中部，而应起于西藏西部的象雄。

中道的开通，沟通了西藏西部与中亚的联系，其影响极为深远。关于中道开通的时间，文献上却没有明确的记载。近来，有学者从女国（羊同）与北方突厥的关系上来探索这条道路的凿通，提出两者之间可能存在一条古老的“食盐之路”，即“女国从北方的突厥地得到食盐，再向南贩往天竺和吐蕃”。但实际上，笔者认为羊同本土也是重要的盐产地，不一定非要到北方的突厥地去获得盐不可。《隋书·女国传》中明确记载女国“尤多盐，恒将盐向天竺兴贩，其利数倍”，不是没有根据的。

从近年来新发现的考古材料上看，中道至少在吐蕃兼并羊同甚至更早以前就已经形成，成为西藏高原与中亚古国之间物质文化交流的重要孔道。1990 年在西藏拉萨曲贡村发掘了一处石室墓地，其中一座墓中出土了一件铁柄铜镜（见图 1）。可以断定，这种形制的带柄镜，与中国黄河、长江流域唐以后所出的带柄铜镜不属于同一个大的文化系统。就世界范围而言，古代铜镜大体上可以分为东、西两大系统：一是以中国为代表的东亚圆板具钮镜，二是流行于西亚、中东以及中亚诸古文明中的带柄镜。曲贡村石室墓出土的这件带柄镜，无疑应当归属于后者，笔者认为这很可能就是通过中亚传入吐蕃的。据目前已知的考古材料，类似于曲贡石室墓这种形制的青铜带柄镜，过去曾在藏南河谷地区发现过，其形制与曲贡的带柄镜相同。值得注意的是，据笔者所做

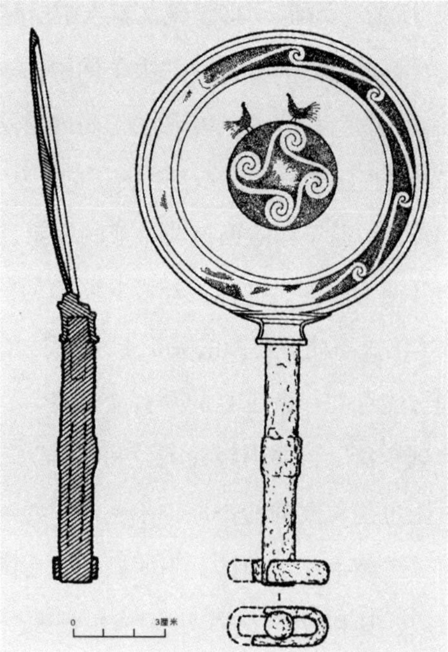

图 1 西藏拉萨曲贡遗址出土的带柄铜镜

的研究，这类带柄镜除西藏之外，在中国境内出土最多的地区是在新疆，如轮台群巴克墓葬、新源铁里木克墓地、巩乃斯种羊场石棺墓、和静察吾乎沟口 2 号墓地、吐鲁番艾丁湖古墓等。从年代比较来看，新疆所出土的带柄镜年代普遍要早于西藏，前者最早可至西周，最晚可至汉代，大体上为公元前 10 世纪至公元元年前后；而后者的年代据初步研究约为春秋战国至东汉时期，大体上相当于公元前 5 世纪至公元 3 世纪。所以，西藏高原的带柄镜，很有可能是从新疆地区传入的。在阿里高原，佛教文化传入之后所绘制的壁画中，还保存有手执带柄镜的人物形象，观察其带柄镜的形制，与新疆地区所出者几乎无区别。这一方面说明使用带柄镜的传统在西藏西部地区可能持续了很长的时间；另一方面也证明了西藏带柄镜的来源，很有可能是通过古代的象雄（羊同）传入到吐蕃腹心地区的。进一步追溯，还可以发现，新疆地区的这种带柄镜实际上又与中亚一带的同类镜形有着十分密切的联系。从形制排比的结果来看，与新疆地区出土的带柄镜形制最为接近的，是葱岭以西、以米努辛斯克盆地为中心的这一区域发现的青铜带柄镜，而且这一地区所出土青铜镜的年代，又普遍早于新疆地区。所以，我们有理由认为西藏出土的带柄镜，是以新疆地区为中介，从中亚传入西藏西部，再传入吐蕃腹心地区的。这条传播路线，有极大的可能即为后来所说的“中道”的雏形。

此外，考古发现的古代岩画也表明，古代的象雄与其北方的阿克赛钦、克什米尔等地，早已有一定的交通联系。近年来，新疆地区的文物考古工作者在叶城附近的达布达尔、布仑木沙以及皮山等地，发现了多处岩画（见图 2），主要刻画山羊、大角盘羊、牦牛等动物以及狩猎场面，岩画的内容题材、风格技法与阿里地区所发现的岩画（见图 3）完全相同，证明其时代相近，岩画作者的族属也应当相同。这部分岩画中没有发现佛教的内容，所以新疆的考古工作者推断其制作年代在公元前，可备一说。1979 年，由德国、巴基斯坦和法国等国学者所组成的一支考古调查队沿中巴公路（又称为“喀喇昆仑高山公路”）一线进行了考古调查。这条公路南起巴基斯坦北部的印度河谷平原，接着向西进入喜马拉雅山西端的高山峡谷，然后经过南伽·帕尔巴特峰附近，再向北进入喀喇昆仑高山中的吉尔吉特河谷和罕萨河谷，最后进入中

图 2　新疆叶城皮山岩画发现地点（上）及岩画画面局部（下）

巴边境的红其拉甫山口，北与新疆叶城相连，南则可以沿今新藏公路至阿里日土。汉以来的“罽宾道”大体上即是如此走向。

在这条古道上经考古调查发现的岩画与岩刻可以大体分为三期：最早的一期为公元前 5000 年至公元前 1000 年，这个时期的岩画内容都是非佛教的，而在公元前 1000 年的岩画中，出现有西伊兰人和塞人的岩刻；第二期为佛教传入的初期，即公元 1 世纪 至 2 世纪，相当于贵霜王朝及其前后一段时期，主要的内容为塔与对塔的礼拜与崇奉；第三期为佛教流行时期，即公元 5 世纪至 8 世纪，主要的内容有塔、佛传、本生故事、佛像等。

在今西藏阿里地区的古代岩刻中，基本上也可以分为非佛教

图 3　西藏阿里发现的岩画

内容的岩画与佛教传入之后的岩画，具体的年代虽然还有待进一步考证，但从岩画的内容与雕刻技法等方面观察，与克什米尔境内的岩画有很多相似的因素，如作画的方式都是采用尖利的石块或金属器在岩石表面刻凿出阴线图案；早期多表现动物与狩猎场面，晚期出现佛塔、佛像等画面，表明两者之间可能存在某种联系。

上述这些考古材料，证实了我们的看法：西藏西部通过其北部阿克赛钦、喀喇昆仑和昆仑山而与新疆叶城一带的交通路线，早在古老的象雄时期可能就已经凿通。通过这条路线，向西可越过喀喇昆仑山口至印度、巴基斯坦和克什米尔；向北则可直通帕米尔高原，直至葱岭之西。这条路线的起始点，综合文献与考古两方面的材料分析，大致上即今新藏公路干线的走向，即南起阿里高原日土县（旧译作“鲁多克”，古象雄辖地），经界山大阪、阿克赛钦湖、泉水沟、大红柳滩、康西瓦，北抵叶城、皮山等地。唐代的文献记载中，有迹象表明当时的僧人曾利用这条道路前往印度。如义净（635—713）在其《大唐西域求法高僧传》中提到的玄照，可能便通过此道去印度；另据义净的记载，除玄照之外，还有隆法师、信胄以及大唐三僧等人可能也经由此道去的印度。其后，10 世纪波斯佚名作者的《世界境域志》以及 11 世纪波斯文作家加尔迪齐（Gardjz）在其所著的《记忆的装饰》等史籍中，在论及从西域通往吐蕃的通道时，也都提及从和田通过阿克赛钦往吐蕃的道路，大约也是指这条中道。

吐蕃通往西域的路线，除上述干线外，还有其他通过“借道”形式通向西域的道路。据北京大学王小甫教授考证，这些通路包括：大勃律—揭师—护密道，揭师—淫薄健道，箇失密—干陀罗道等，皆可越葱岭进入西域。上述吐蕃进入西域的路线，分别是在不同时期开通或者利用的。联系吐蕃在西域的活动史，王小甫将其大体上划分为三个阶段：即吐蕃征服羊同，控制了所谓“食盐之路”，亦即本文所论的“中道”；唐朝重兵防守四镇之后，吐蕃重点转向向西开通跨越葱岭之路；唐控小勃律之后，吐蕃又改由塔里木东南进入西域；最后，吐蕃乘唐安史之乱夺取安西，沟通了草原上传统的南北交通路线。但是，其中开通得最早、利用程度最高、与西藏西部关系最为密切的路线，相信仍是吐蕃早期通往西域的主要通道——中道，或可称为“吐蕃—于阗道”。

二、古代于阗与吐蕃的文化联系

“吐蕃—于阗道”是西藏西部地区与中亚西域沟通的前哨。古代于阗与吐蕃之间的文化联系，正是通过这条古道得到加强。于阗之名，最早在汉文史籍中出现，《史记·大宛传》载：“于阗之西，水皆西流注西海，其东水东流，注盐泽。”司马迁撰《史记·大宛传》乃取材于张骞出使西域所记材料。由此推之，于阗在公元前 2 世纪中叶已经立国。

在藏文古籍中，也有关于于阗立国的传说，据《汉藏史集·圣地于阗之王统》记载，最早在迦叶佛出世之时，于阗被称为“草垫之地”。迦叶佛圆寂之后，曾于此建塔，名为“郭马萨拉干达塔”，有“仙人”喀热夏等曾长期在于阗的山上修行居住。以后，教法毁灭，于阗变成了海洋。释迦牟尼出世后，于阗被托给毗沙门天王和药叉等神，释迦牟尼本人也曾飞临于阗。至释迦圆寂后 254 年，法王阿育王来到此地，在现在和田城所在地住了一宿，与王妃生下一子，名为地乳。地乳王长大成人之后，汉地之王命其率兵众向西寻找于阗。地乳王的两名随从为寻找走失的乳牛而在此与印度人相遇，双方划地为界，各自立国。从释迦牟尼示寂到地乳王做于阗王，其间相距 254 年。如按照这一传说，则于阗之立国是在阿育王时代（即公元前 242 年左右），已有学者考证认为，这一传说实为于阗僧徒为了便于佛教在于阗的传播而伪造出来的，不足为信。但是，大量的藏文文献中记载这一传说，这就意味着于阗与古代西藏之间关系非同一般。于阗之名的由来，据藏文《于阗古史》所记，其读音为“U-then ”，为“都与河”

之意。日本学者白鸟库吉认为，藏语中称玉石为 g·yu（yu），与古音 jiu 或者 gjiu 相同，而 U-then 与 jiu dien 或 U-dien 之音相近，故于阗有玉城、玉邑之意。此外，还有外国学者按照古藏语于阗的读音 Li-yul，释其为钟铜之国（Bellmetal Country），或者谓 Li 即犁，指牦牛（yak），无论这些解释具有多大的可信程度，至少都表明，“于阗”一词的起源，学术界倾向于用藏语来进行解释，这也从一个侧面反映出两地在古代具有某种特殊的联系。

《汉藏史集》中还记载了佛教传入于阗的情况：“于阗立国后六十五年之时，即叶吾拉王之子尉迟森缚瓦即王位五年时，佛法开始传到于阗国。”另一部藏文史籍《于阗古史》记载：“于阗建国于佛涅槃之后二三四年。建国一六五年后，于阗王 Yeula 之子 Vtjayasambhava 在位。登位后的第五年，达摩（梵语 Dharma，即胜法）开始传入于阗。此王为弥勒和曼殊利室的化身。毗卢折那阿罗汉以比丘的面貌，出现于于阗，并驻锡于赞磨村之 Tsar-ma 窟内。”日本学者羽溪了谛据此推算于阗在阿育王时代建国，即公元前 242 年左右；而佛教传入此国，便应当在公元前 74 年前后。如前所述，由于于阗建国的年代多是神话传说，所以以此来推算佛教传入于阗的时间，不一定可靠。日本学者崛谦德认为：“佛教能至如此之盛大，必经相当之年月，是以遍照（毗卢折那）传教于于阗之时代，当在第一、二世纪或其以前。第二世纪前半叶为迦腻色迦王时期，印度佛教传播于四方之时代，然则遍照传教于于阗国，或在此时。”参照佛教传入西域各国的时代来看，可能这一推测比较可取。于阗与吐蕃之关系，可谓源远流长。就其民族种属而论，两者之间便存在着亲缘关系。《魏书·西域传》

《北史·西域传》及《通典》卷192载，于阗国之民族皆云：“自高昌以西，诸国人等深目高鼻，惟此一国，貌不甚胡，颇类华夏。”日本学者白鸟库吉对此的解释是：“当时于阗人容貌并非深目高鼻，反类华夏云云，决非指汉人移居此地，其实应为类似汉人的西藏人混合的结果。”周连宽联系《汉书·西域传》中所载之“羌”，提出最初来到于阗的民族，当是一支从于阗以南的南山山脉北麓、随畜逐水草至塔里木盆地南边绿洲的羌系民族，定居于此，再混合后来从兴都库什山区东迁来的Arya种的Galca人所形成的种族。他还指出，直至现代，于阗人的体质中仍保留有藏种的因素，“其实这种西藏系统的性质，来源甚古，是汉以前于阗地区羌族土著居民的遗存”。笔者不仅完全赞同这一意见，而且要补充一点：最新的考古人类学研究成果，也支持这一观点。

近年来，随着中国西北地方考古工作的进展，一批古人类学材料经过研究测定后，显示出一些很值得注意的特点，其中比较重要的，如新疆哈密焉不拉克墓葬的人骨种系。新疆焉不拉克古墓群是在1986年春进行考古发掘的。墓葬中出土有相当数量的彩陶器和小件的青铜器，还出有铁制品。据观察研究，墓葬所出的陶器器形与纹样特征与甘青地区的辛店文化有某些相似之处，故墓葬的总体年代大致上定在西周或春秋之间。墓葬中还出土了一批人骨材料，经过中国社会科学院考古研究所韩康信等学者的鉴定，已经得出了初步的结论。这批人骨材料大体上来说，包括两个大的支系类型：即欧洲人种支系与蒙古人种支系，而以蒙古人种在数量上占明显优势。这批蒙古人种头骨的总特征为，“具有长颅型，颅高趋低的正颅型，高而适度宽和中等偏平的面，矢状方向面部突度弱，齿槽突度有些接近突颌，中等突起的鼻兼有狭鼻倾向”。值得注意的是，这些综合特征，恰恰与现代藏族卡姆型头骨之间表现出强烈的一致性。因此有学者认为：“如不纯属偶然，焉不拉组与西藏卡姆组属同类性质是可信的，其接近程度甚至超过了焉不拉组与甘肃古代组之间的接近程度。由此可见，与现代藏族很接近的甚至带有某些更不分化性质的古代居民在公元前 10 世纪至公元 5 世纪生活在西北边陲地区。”

哈密虽在新疆之东北部，与于阗相距甚远，但其原始先民所反映出的体质人类学特征，却与于阗的古代居民相似，即当中都包含有古代羌系民族的成分。由于古代的“羌”活动范围极广，西藏远古先民的一部分，也与之有着密切的关系。《新唐书・吐蕃传》载“吐蕃本西羌属，盖百有五十种”，正是从这个意义而言。所以于阗与西藏的古代居民同属于一个大的种系，有比较足够的证据。

于阗是西域重要的佛教文化中心之一。据《法显传》所载，5 世纪初，正值于阗国佛教处于极盛时期，“国中有大伽蓝十四所，小寺不计，有僧数万人，多学大乘，人家门前，皆起小塔”。藏文文献《汉藏史集》亦载：“总的来说，和田（按：即于阗）地方的大寺院在城内外有六十八座，中等寺院有九十五座，小寺院有一百四十八座。另外，荒地小庙及不属寺庙之佛像、佛塔等，共计三千六百八十八处。”由此可见当时于阗国佛教规模之一斑。

于阗王国与吐蕃王朝之间发生直接的联系，据文献记载大约开始于 7 世纪后半叶。《汉藏史集》在记载于阗新建之“达哇涅寺”时称：“此时吐蕃之王将于阗收归治下，此寺是在吐蕃大臣噶尔·东赞来到于阗时修建的。”这与汉文史料可以相互对应。据《敦煌本吐蕃历史文书》大事记年部分记载，噶尔·东赞在松赞干布逝世后担任吐蕃大相期间，曾长期住在吐谷浑地区。《资治通鉴》“唐高宗麟德二年(665)三月”条记：“疏勒、弓月引吐蕃侵于阗。”又“高宗咸亨元年（670）夏四月”条记：“吐蕃陷西域十八州，又与于阗袭龟兹，拔换城，陷之。”这些记载都与《汉藏史集》所载相合。

于阗的佛教传入吐蕃，从藏文文献所反映的线索分析，可能在吐蕃与于阗发生联系后不久。如《汉藏史集》载：“释迦牟尼涅槃之后的两千年间，于阗国有佛法之影像及舍利，此后教法毁灭，于阗国和疏勒、安西三地被汉人、赭面、粟特、突厥、胡人等摧毁。其后，有一名菩萨转生为赭面国之王，在吐蕃地方兴起佛法，建立佛寺及佛塔，立两部僧伽。王臣逐渐奉行佛法，从其他地方迎请许多堪布和佛经。于阗国也被纳入吐蕃王国统治之下。这以后，在赭面吐蕃的七代国王之时，于阗的一位年轻国王仇视佛教，驱逐于阗国的比丘，众比丘依次经察尔玛、蚌、墨格尔、工涅等寺院，逃向赭面国。……此时赭面国有一菩萨化身之王妃，是汉地的一位公主，她任施主迎请于阗国的比丘到吐蕃。”类似的记载，也见于藏文《于阗教法史》中。这一事件，据析可能发生在710年金城公主到吐蕃的二三十年后。尔后，于阗与吐蕃两地不断进行交往，作为西域的佛教文化中心，于阗对于吐蕃佛教的兴盛起到了重要的推动作用。据《青史》记载，吐蕃赞普(国王)赤德祖赞时代，修建了扎玛正桑等一些寺庙，又从黎域（于阗）迎请来很多僧人，以传播佛法。到了赤松德赞时期，吐蕃佛教兴盛，译经之风大起，“一些精通翻译的人，将印度、汉地和于阗等地区的佛教，凡是能得到者，大部分译到吐蕃”。藏文史书《拔协》也记载在修建桑耶寺（见图4）的过程中，“召来了汉地、印度、尼泊尔、克什米尔、黎域、吐蕃等各地的能工巧匠”，足见于阗的佛教艺术也传到了吐蕃。意大利学者杜齐在论及他对西藏佛教艺术的看法时特别指出：“在西藏寺院中见到的若干塑像上可以观察到印度的沙西文化（Shahi）的影响及来自尼泊尔或中国中亚（于阗）的某些早期影响”，并且提出“艾旺（西藏中部地区的一座寺庙）的碑铭上也有关于于阗及印度影响的更多的资料”，这些材料都与藏文史料的记载是一致的。

如前所述，由于吐蕃与于阗之间早已开通了“吐蕃—于阗道”，而这条道路中一个重要的中转站应是吐蕃西部的象雄（羊同）旧

图4 西藏桑耶寺全景

地，所以，于阗佛教传入吐蕃很大可能是以此作为中介。

三、古代迦湿弥罗与吐蕃的文化联系

吐蕃与中亚西域交通的另一条途径，是通过象雄（羊同）过迦湿弥罗而进入天竺的“吐蕃五大道”。虽然有迹象表明西藏与克什米尔两地之间的文化联系可以上溯到史前石器时代，但两地之间发生比较密切的交往，应当还是在吐蕃征服象雄，与迦湿弥罗直接相毗邻之后。

迦湿弥罗，又称为“筒失密”，即今克什米尔（Kashmir）。汉文史书中最早记载吐蕃与迦湿弥罗之间发生交往，可能是在唐初贞观年间。史载唐贞观二十二年（648），吐蕃、尼婆罗（今尼泊尔）出兵助王玄策打败中天竺后，有“迦没路国献异物，并上地图，请老子像”。中国西南民族大学教授杨铭考证，此“迦没路国”可能即为迦湿弥罗国的另一音译。唐义净《大唐西域求法高僧传》卷上载，沙门玄照于贞观年中“还蒙敕旨，令往羯湿弥罗国，取长年婆罗门卢迦溢多”，途中曾路“遭吐蕃”，可反推当时迦湿弥罗国来朝，应当经过吐蕃，与吐蕃当有相互往来。

唐代僧人慧超于开元十五年（727）巡礼天竺时，羊同已为吐蕃所并，迦湿弥罗与已成为吐蕃属地的羊同紧相毗邻。《往五天竺国传》云：“又迦叶弥罗国东北隔山十五日程，即是大勃律国、杨同国、娑婆慈国，此三国并属吐蕃所管，衣着言音人风并别。”据慧超对此国的记述，该国“王有三百头象，住在山中，道路险恶，不被外国所侵，人民极众，贫多富少，王及首领诸富有者，衣着与中天不殊”。信仰佛教，“王及首领百姓等，甚敬三宝，国内有一龙池，彼龙王每日供养一千罗汉僧”，“国内足寺足僧，大小乘俱行”。

迦湿弥罗的佛教曾经传入于阗。《大唐西域记》载于阗国“王城南十余里有大伽蓝，此国先王为毗卢折那罗汉建也。昔者，此国佛法未被，而阿罗汉自迦湿弥罗国至此林中，宴坐习定。……王遂请礼，忽见空中佛像下降，授王犍椎，因即诚信，弘扬佛教”。另外，同书还记载王城三百余里有“勃伽夷城”，城中有一佛像是于阗古代某王子在逾雪山讨伐迦湿弥罗国的战争中带回的。无论这些传说的真伪如何，都反映出迦湿弥罗佛教对周边地区的影响是存在的。

目前，虽然迦湿弥罗佛教直接对吐蕃产生影响的记载并不丰富，但从对史料的爬梳剔抉之中仍可见到一些线索。如根据藏族大师白玛噶波与布顿的记述，吞弥・桑布扎是从迦湿弥罗学习回来后，根据克什米尔文在拉萨木鹿宫创造出 30 个字母，从而产生了古代的藏文。另据《拔协》一书的记载，当年修建桑耶寺的工匠中，曾有来自克什米尔的匠人。另外，桑耶寺建成之后，赤松德赞派人到印度去迎请佛教僧人，从印度请来的人当中除有大乘密宗的无垢友、法称之外，还有来自克什米尔的僧人阿难陀（Ananda），据说他在寂护来吐蕃之前就在拉萨经商。这些情况，也说明吐蕃与迦湿弥罗早已有着密切的往来。

四、吐蕃与泥婆罗—天竺的古代交通

吐蕃征服位于吐蕃本土西部的象雄之后，一方面向西打通了通向迦湿弥罗、天竺的通道，而另一方面，也为其在西南方向开通经泥婆罗往天竺的道路创造了条件。藏文史籍中记载吐蕃与泥婆罗的联系，始于松赞干布时代。7 世纪初，松赞干布曾从泥婆罗迎请泥婆罗库塔里王朝鸯输伐摩王（Amsuvarman，意为光胄）的女儿毗俱胝（Bhrikunt，藏文史料称为赤尊）为其妃。关于赤尊入藏所采取的路线，据藏文史书《西藏王统记》载，是通过今西藏西南边境的“芒域”，这一地方约为今日后藏地区吉隆县一带。吉隆现为西藏自治区日喀则地区西部的一县，在西藏古史中是“芒域·贡塘”的中心区域，藏文旧称其为“答仓·宗喀”。答仓·宗喀北面的贡塘拉山，历来为吐蕃南界的重要关口。据《西藏王臣记》记载，印度莲花生大师最初入藏，便是经由此处。藏文史籍《世界广说》记载莲花生收服十二丹玛女神，让她们守着此山，不让印度外道进入，指的也是这座山口。这表明，至迟在 7 世纪上半叶，吐蕃与泥婆罗之间的官方通道就已经存在。这可以说是史籍中有关吐蕃—泥婆罗道最早凿通时间的记载。

汉文史书中对于吐蕃—泥婆罗道的记载，首推成书于 7 世纪中叶的唐释道宣《释迦方志·遗迹篇》所载之“东道”：

> 其东道者，从河州西北度大河，上曼天岭，减四百里至鄯州。又西减百里至鄯城，镇古州地也。又西南减百里至故承风戍，是隋互市地也。又西减二百里至清海，海中有小山，

海周七百余里。海西南至吐谷浑衙帐。又西南至国界，名白兰羌，北界至积鱼城，西北至多弥国。又西南至苏毗国。又西南至敢国。又南少东至吐蕃国。又西南至小羊同国。又西南度呾仓法关。吐蕃南界也。又东少南，度末上加三鼻关，东南入谷，经十三飞梯、十九栈道。又东南或西南，缘葛攀藤，野行四十余日，至北印度尼婆罗国（此国去吐蕃约九千里）。

这条路线，大体上可以分为南北两段：北段自青海至拉萨，641 年文成公主入藏，大约即取此道；南段从拉萨经后藏边地出境，入北印度泥婆罗国，亦即赤尊公主进藏的路线。汉文史籍中没有吐蕃与泥婆罗联姻之事的记载，但据《新唐书·吐蕃传》以及《敦煌本吐蕃历史文书》的记载，吐蕃在这之后利用其国内内乱，曾采用武力扶持那陵提婆为王，也许正是由于这一点，使得吐蕃—泥婆罗道的利用程度也随之大为提高。《新唐书·西域传》“天竺国”条载：

（贞观）二十二年，遣右卫率府长史王玄策使其国，以蒋师仁为副，未至，尸罗逸多死，国人乱，其臣那伏帝阿罗那顺自立，发兵拒玄策。时从骑数十，战不胜，皆殁。遂剽诸国贡物。玄策挺身奔吐蕃西鄙，檄召邻国兵，吐蕃以兵千人（《旧唐书》作“精锐两千人”）来，泥婆罗以七千骑来……三日破之。

以此分析，王玄策往天竺之路线，当从吐蕃—泥婆罗道，方能“奔吐蕃西鄙”，召集吐蕃与泥婆罗兵。这一推测，由近年来的考古发现材料得到了证实。1990年，四川大学的一支考古队在西藏高原所进行的考古调查中，在西藏西南边境的吉隆县境内发现了一通名为《大唐天竺使出铭》的唐代摩崖石碑，首次从考古调查的实物材料方面，为吐蕃至泥婆罗之间的古代交通问题的研究提供了新的可靠证据。

这通石碑发现于西藏自治区日喀则地区吉隆县县城（旧称“宗喀”）以北大约4.5千米处的阿瓦呷英山嘴。石碑所在的位置北面为宗喀山口，是过去进入吉隆盆地的古道入口，其东、西两面被起伏的群山环抱，南面为通向县城所在地宗喀的公路。由宗喀再向南行约70千米，即可达今中尼边境界桥——热索桥，由此出境至尼泊尔。

石碑镌刻在山口处一座呈西北—东南走向的崖壁之上，宽81.5厘米、残高53厘米，其下端因当地藏族修筑现代水渠已损毁残缺，现仅残存阴刻楷书24行，满行估计原为30~40字，上端无缺字，下端因损毁严重，现残存仅222字，其中多已损泐，漫漶不清。行、字间阴刻细线方格，每字间亦有阴线方格相间；碑铭的正中为篆刻阳文《大唐天竺使出铭》（见图5）。

石碑正文因损泐过甚，文意多不能连贯，但仍有一些关键性的词句清晰可识。如第三行有“维显庆三年六月大唐驭天下之（下缺）”等语；第九行文字中有“大□□左骁卫长史王玄策（下缺）”等语，笔者曾依据有关的文献材料考证，认为此通石碑是唐显庆三年（658）唐使节王玄策第三次奉旨出使天竺时，途经吐蕃西南边境，勒石记功之遗物。

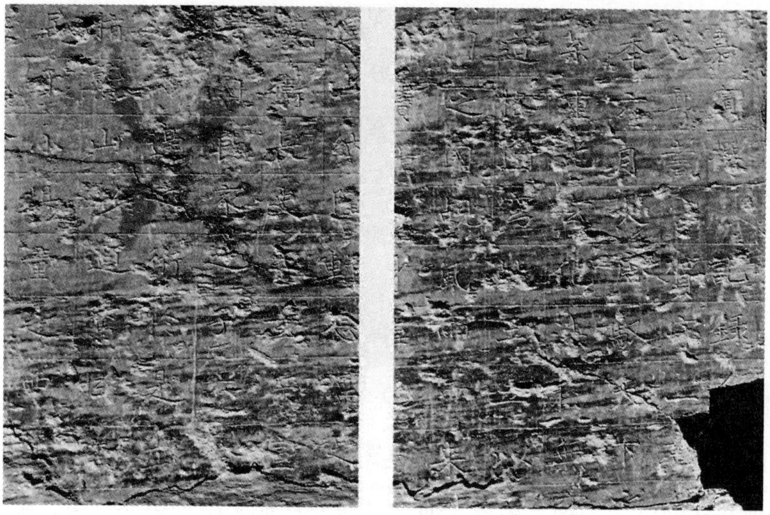

图 5 《大唐天竺使出铭》碑文局部

过去，对于“吐蕃—泥婆罗道”的具体走向并不是十分清楚，尤其是在这条路线的出口问题上，因诸史缺载，颇存疑义。如外国学者雷格米推测，唐使李义表出使天竺可能取道吉隆出山口，而王玄策出使天竺则有可能取道固帝（聂拉木）山口。中国学者黄盛璋则认为唐代使泥道路只能有一条，而不能有两道。清代入泥虽有聂拉木和吉隆两道，但以聂拉木最为近捷，故最早开通的“吐蕃—泥婆罗道”当出聂拉木。现在，我们可以根据《大唐天竺使出铭》的发现及其所在位置判断，吉隆应当是“吐蕃—泥婆罗道”南段的主要路线，也是唐代中印交通的重要出口。王玄策出使天竺，当出吉隆而非聂拉木。

对照《释迦方志》中“又东少至吐蕃国”以下所记的路程，笔者认为完全可以同经吉隆出泥境的道路相吻合。小羊同，即《大唐天竺使出铭》所记“……夏五月届于小杨同之西”的“小杨同”；“旦仓法关”，亦即前文所述之“答仓·宗喀”，实际上就是指吉隆山口。而《释迦方志》所云之“又东少南，度末上加三鼻关”，日本学者足立喜六注云：“末上加 Mashangchia 是 Marsyangdi 的音译。撒罢、三坝、三鼻在西藏语中是桥的意思，故‘末上加三鼻’从语法构词上可理解为在 Marsyangdi 河上有桥，其处设关。……此地形逼居于 Marsyangdi 河上游，从北入大雪山溪谷的正门口。”此处 Marsyangdi 河史载不详，经实地考察，笔者认为其很可能是指发源于吉隆北部马拉山脉的吉隆藏布江，它的上游正好处在“北入大雪山（按：指喜马拉雅山）溪谷的正门口”；而其下游，在今中尼交界的热索桥一带，与东林藏布河汇合后流入尼泊尔境内。河上所设之热索桥，即为中尼边境的最后关口，也是中尼之间的传统边界线。清人黄沛翘《西藏图考》卷二载：“由后藏行二十驿至济咙（按：即吉隆）之铁索桥，为藏地极边，逾桥而西则廓尔喀（尼泊尔），自古不通中国。”清末赵咸丰《使廓记略》记热索桥也记载：“大河一道水西流，有木桥以通往来，南岸为廓尔喀界，北岸为西藏界。”这些记载虽然晚出，但所反映出了中尼传统边界上的这座界桥是古已有之。若推测无误，这座界桥应当即为“末上加三鼻关”，亦即 Marsyangdi 河上之界桥。

《释迦方志》又其下“东南入谷，经十三飞梯，十九栈道”这段文字，笔者认为其所指的地形，当是补记前文“又东少南，度末上加三鼻关”这段路途的情形。细审《释迦方志·遗迹篇》关于东道的记述方式，凡举某段路程，行文上皆以“又……”起首，以示区别。而在“又东少南，度末上加三鼻关”这段文字之下，紧接“东南入谷，经十三飞梯，十九栈道”之语，其间无间隔。再以吉隆热索桥以南的实际地形而论，自宗喀（旦仓法关）以下至界桥热索桥一线，恰自东南进入吉隆藏布江溪谷。由于河流下切强烈，形成高原深峡，地形十分险要。尤其是素以天险著称的察木卡一线，更是天然要隘，“左壁右湍，不容一骑”。清人杨揆《自宗喀赴察木即事诗》中形容其险峻程度称：“危坡下注忽千丈，断涧惊流晚来长……太古萧瑟无人烟。连鸡作队猿臂举，度涧无术还升巅。”可见其险峻之一斑。因此，笔者推测道宣《释迦方志》中“东南入谷，经十三飞梯，十九栈道”句中，所谓“谷”，当指“末上加三鼻关”（热索界桥）之前吉隆藏布溪谷中的一段路程；“十三飞梯，十九栈道”则是对溪谷内险峻难行之路况的描述。再其下“又东南或西南缘葛攀藤，野行四十余日，至北印度泥婆罗国”句，对路段的描述显然已较前模糊，多带推测之意。估计是道宣对于进入泥婆罗国境内的路况、走向知之不详，只能略记一笔，采取谨慎态度。

由于《释迦方志》成书之时（650—655），“吐蕃—泥婆罗道”初开不久，所以道宣对于吐蕃国以下路段的记载应当说是基本可靠的，大体上勾勒出了吉隆道的路线走向，与考古发现的《大唐天竺使出铭》在许多地方均可相互印证。

王玄策于贞观年间（627—649）出使天竺时，曾与太州玄照法师相会。玄照曾两度在吐蕃见到文成公主。据义净《大唐西域求法高僧传》载，玄照第一次赴天竺时，其采取的路线仍循天山南路入“睹货罗”（即吐火罗，今阿富汗境内），再南行至吐蕃，蒙文成公主资助，送其入天竺；而到他回国时，则已改行新道“吐蕃—泥婆罗道”，使行程大为缩短。由此可以推测，文成公主送其出往天竺的路线，一定是这条开通不久的新道，故才有在归国时仍取新道而行之理。对此，日本学者森安孝夫认为：“玄照前往印度，不取从帕米尔南下的自古以来的常道，而是特意经由吐蕃，很可能是当时吐蕃威令行于帕米尔地区，出于认为求得吐蕃的保护更安全的想法。”王小甫教授则认为“玄照已过吐火罗，将至北天竺（今印度北部旁遮普一带），却舍近求远反而又到了吐蕃，此行确实蹊跷！从来经行如玄照者仅此一人。倘若欲求文成公主保护而吐蕃威令果已行于帕米尔，何必再深入吐蕃去找文成公主送往北天（竺）？显然，情况并非如森安孝夫所想。玄照一定是过吐火罗以后遇上天竺国内发生非常事件，他是不得已才绕道去吐蕃的。从玄照西行在文成公主出嫁以后和王玄策归乡以前来看，他遇到的很可能就是贞观二十二年（648）王玄策出使中天竺所遇到的天竺国内乱。……王玄策以吐蕃、泥婆罗等国之兵平定天竺内乱之后，玄照才又由文成公主遣送北天竺。”比较之下，笔者以为王小甫教授的推测更为合理一些。

随着“吐蕃—泥婆罗道”的开通，北印度泥婆罗的佛教也开始不断地传播到吐蕃。藏文史料记载松赞干布迎请泥婆罗赤尊公主进藏，她随身带到吐蕃一尊不动佛像，并供奉于由她所修建的大昭寺中。755 年，吐蕃赞普赤德祖赞死后，吐蕃王朝中信奉本教的贵族大臣发布了禁佛的命令，出现了吐蕃时期第一次“禁佛运动”，在其主要的内容中，有两点很值得注意：一是下令驱逐汉僧与尼泊尔僧人；二是将文成公主带到吐蕃去的佛像先是埋入地下，后来又取出来送到“芒域”（即吉隆）。这反映出当时通过“芒域”的“吐蕃—泥婆罗道”，大概已有为数不少的尼泊尔僧人进入吐蕃；而芒域这一地区，则很可能由于这条通道的存在，已经成为一处重要的文化中心或集散地。至8世纪中叶，赤松德赞继位后，佛教得到复兴。史载赤松德赞曾从印度请来密宗大师莲花生，而莲花生进藏也同样是经过“芒域”，他进藏后所做的一件大事，即主持修建桑耶寺。桑耶寺的兴建，动用了大量来自天竺、泥婆罗和勃律的工匠，这在藏文史料中多有记载。笔者认为这些工匠很有可能也是跟随着莲花生一道，通过芒域，即“吐蕃—泥婆罗道”进藏的。在这之后，印度—尼泊尔的佛教建筑、绘画、雕刻艺术等，源源不断地进入吐蕃，所产生的影响一直持续到15世纪。

五、结语

综上所论，我们可以得出下述主要的结论：

1. 吐蕃兴起和强大之后，已经成为中古时期亚洲腹地不可忽视的政治力量，以青藏高原为中心已经开始形成多条交通孔道，尤其是在吐蕃征服其本土西域的象雄之后，在象雄的地缘基础之上，有力地拓展了与其西部周边地区和国家之间的联系，形成了不同历史时期与中亚、南亚各国比较稳定的交通路线。

2. 通过这些交通路线，犹如架设起一道道经过吐蕃西部、西南部进而通往西藏高原腹心地区的宗教与文化桥梁，尤其是为佛教文化的传播，开创了有利的条件。

3. 与西藏西部相毗邻的迦湿弥罗、于阗、天竺与泥婆罗等佛教文化中心，是吐蕃佛教重要的来源。我们可以从西藏西部地区佛教考古文化中看到来自这些地区的强烈影响，而这些影响对于整个西藏佛教艺术与文化来说，都是非常深远而持久的。

西域狮子的华化形态

蔡鸿生

中国并非产狮的国度。历代入华的狮子，都是西域贡品。因此，在汉语丛林中，“狮”字犹如“佛”字，也是源远流长的外来词。对此，著名语言学家罗常培做过详细的考证：

> 从命名的对音来推求，华特尔认为狮ši是由波斯语sēr来的。劳佛对于这个说法不十分满意。“因为在纪元88年第一只狮子由月氏献到中国的时候，所谓‘波斯语’还不存在。大约在第一世纪末这个语词经月氏的媒介输入中国，它最初是从某种东伊兰语来。在那里这个词的语形素来是šē或ši（吐火罗语 Tokharian A. śiśāk），也和中国狮ši（š’i）一样没有韵尾辅音。”沙畹、伯希和、高体越等法国汉学家也都注意到这个字的对音。伯希和以为“关于波斯语šēr，伊兰学家采用过一些时候的语源šaθrya 必得放弃了，因为高体越已经指出这个字是从粟特语的šrγw, šarγə‘狮子’来的”。总之关于这个语词虽然有人不承认它是所谓“波斯语”，但对于它是伊兰语属几乎没有异议。高本汉也采取莫根斯廷教授的话，

说“狮 si 在那里是伊兰语 śarγ 的对音”。[1]

西域狮子与中国文化的关系，不是单一性的，而是二元性的。一方面，作为西域的贡品，狮子只有观赏性而无实用性，因而不能得到像汗血马那样的养殖和调习，甚至自唐代至明代多次出现“却贡”的事例，被官方拒之境外。另一方面，狮子作为瑞兽形象，长期与中国“灵物”共居显位，遍布通都大邑和穷乡僻壤，并向文化生活各个领域扩散，成为民间喜闻乐见的吉祥的象征。可以这样说，“狮”在中国的历史，对于研究文化传播过程中物质和精神两种体系的转换以及外来文化与本土文化的融合，都有非常典型的意义。

基于以上的认识，本文可以说与物种变异无关，考察的重点完全集中在本土化条件下狮子形象及其功能的演变。

一、历史上的贡狮与却贡

现存的历史文献，找不到中国产狮的确切记载。历代学者几乎众口一词，都肯定狮从西域来。唐代高僧慧琳说：“狻猊即狮子也，出西域。”（《一切经音义》卷 71）明代科学家李时珍也说：“狮子出西域诸国。”（《本草纲目》卷 51）晚清学者文廷式的论证更详：“狻猊即狮子，非中国兽也。三代之前若果有之，则诗、书记载必不称犀象而转遗狮子。”（《纯常子枝语》卷 23）从历史上看，狮子是作为西域贡品被引进中国的。

古代西域是狮崇拜的流行区。从印度到波斯，狮子被赋予浓重的神话色彩，享誉僧俗两界，成为神力和王权的象征。

1. 印度

在印度，佛经赋予狮子在动物界至高无上的地位。《大集经》卷 10 说："过去世有一狮子王，在深山窟常作是念：'我是一切兽中之王，力能视护一切诸兽。'"作为"兽中之王"，威武的狮子一开始就是护法之物。《佛说太子瑞应本起经》写道："佛初生时，有五百狮子从雪山来，侍列门侧。"

从此，佛陀说法坐狮子座，演法作狮子吼，成了"人中狮子"。公元前 3 世纪阿育王为弘扬佛法而建造的鹿野苑法敕石柱，就是用四头雄狮雕饰柱头的。[2]

2. 波斯

波斯的狮崇拜也是源远流长的。《隋书》卷 83《波斯传》载："王着金花冠，坐金狮子座。"古代波斯诗人菲尔多西 994 年完成的长篇史诗《王书》中的英雄人物，大多冠上"狮子"的雅号，如"狮子达斯坦""狮子苏赫拉布"之类。

3. 大食

大食（阿拉伯）的立国传说，竟然与狮子的神谕有关。《旧唐书》卷 198《大食传》写道："大业（605—617）中，有波斯胡人牧驼于俱纷摩地那之山。忽有狮子人语，谓之曰：‘此山西有三穴，穴中大有兵器，汝可取之。穴中并有黑石白文，读之便作王位。’”

古代西域的贡狮就是以上述狮崇拜为其宗教文化背景的。

西域贡狮始于东汉，《后汉书》卷3有最早的记录：汉章帝章和元年（87），月氏国献狮子；二年（88），安息国献狮子。随后历代均有贡狮记录，直到康熙十七年（1678），葡萄牙使臣本笃贡非洲狮为止。在这持续16个世纪的漫长岁月里，西域贡狮以陆路运输为主，海运是罕见的。限于文献的记载，不可能逐一查明历代贡狮的下落。唯一知其终始的，是北魏孝明帝正光（520—525）末年“波斯国胡王所献”的一头狮子。在中国境内滞留六年之后，到“普泰元年（531），广陵王即位，诏曰：‘禽兽囚之，则违其性，宜放还山林。’狮子亦令送还本国。送狮子者以波斯道远，不可送达，遂在路杀狮子而返”（《洛阳伽蓝记》卷3）。至于其他贡狮的命运，很可能像中唐诗人牛上士在《狮子赋并序》中感慨的那样：“顿金锁而长縻，闭铁牢而永固。悲此生之窘束，怀旧国而愁慕。”（《全唐文》卷398）

如果说，遣返是西域贡狮在中国受到的一种待遇，那么，“却贡”则是更加强烈的反应。唐代武则天万岁通天元年（696）三月，姚璹在《请却大石国献狮子疏》中这样申述不宜受贡的理由：“狮子猛兽，唯止食肉，远从碎叶，以至神都，肉既难得，极为劳费。”（《全唐文》卷169）唐代廷臣这种旨在节省“劳费”的却贡理由，到明代又添加了新的内容。成化十七年（1481），撒马儿罕苏丹进二狮，职方郎中陆容上疏：“狮子固奇兽，然在郊庙不可以为牺牲，在乘舆不可以备骖服，不当受。”弘治二年（1489），撒马儿罕又进狮，礼部尚书倪岳请却其贡，更加义正词严："臣观撒马儿罕所进狮子，乃夷狄之野兽，非中国所宜蓄。留之于内，既非殿廷之美观；置之于外，亦非军伍之可用。且不免以彼无用之物，易此有用之财。"明孝宗嘉纳其言，李东阳为此写了一首歌颂圣明的《却贡狮诗》：

> 万里狻猊初却贡，一时台省共腾欢。极知圣学从心始，谁道忠言逆耳难！汉代谩夸龙是马，隋家空信鸟为鸾。非才敢作清朝颂，独和新诗写寸丹。（《殊域周咨录》卷 15）

"却贡"，也就是把狮子宣布为不受欢迎的动物。由此可知，在古代中国人心目中，来自西域的狮子只是"异兽"或"奇兽"，并未将它作为"瑞兽"看待。封建仪制中的祥瑞名物，完全把狮子排斥在外。据《唐六典》卷 4，无论大瑞、上瑞，还是中瑞、下瑞，都没有狮子的份儿。这种视狮子为"狰狞之兽"（明代韩鼎语）的物种观念，与"却贡"的行为相表里，反映出文化交流过程中根深蒂固的选择性。

下文我们将从物种的考察转向形象的考察，看一看"狮"在中国如何大放异彩。

二、华夏化了的狮子形象

西域狮文化在中国的传播，有一条影响深远的渠道，这就是佛教美术。僧徒用佛画和佛像来把佛经中的"狮子王"形象化。

按《涅槃经》卷 25 的描述，印度式的狮相是这样的：

> 方颊巨骨，身肉肥满，头大眼长，眉高而广，口鼻叒方，齿齐而利，吐赤白舌，双耳高上，修脊细腰，其腹不现，六牙长尾，鬃发光润，自知气力，牙爪锋芒，四足据地，安住岩穴，振尾出声。若有能具如是相者，当知真狮子王。

文殊菩萨骑狮子，是佛教美术中常见的题材，它在唐代的两处胜迹中获得鲜明的表现。其一是五台山的菩萨堂院，“骑狮子像，满五间殿在，其狮子精灵，生骨俨然，有动步之势，口生润气，良久视之，恰似运动矣”（圆仁《入唐求法巡礼行记》卷 3）。其二是甘肃榆林窟第 25 窟壁画，绘文殊以威武雄壮的青狮为坐骑，旁有昆仑奴御卫。佛画的狮并非动物图谱，它与兽类的狮在形态上的差异，常常引起古代中国人的困惑。有的人埋怨画狮失真，如 6 世纪初北魏使者宋云在跋提国（今巴尔赫，Balkh）见到两头活狮，便慨叹道：“观其意气雄猛，中国所画，莫参其仪。”（《洛阳伽蓝记》卷 5）有的人则怀疑贡狮作假，元时“有贡狮子者，首类虎，身如狗，青黑色。宫中以为不类所画者，疑非真”（周密《癸辛杂识续集》）。这个似真非真、似假非假的狮文化之谜，应该怎样解释呢？

古代西域输入的狮子形象，无论印度风格还是波斯风格，均属外来文化，不能不受到中国传统文化的制约：张牙舞爪的波斯狮变得和气了，“吐赤白舌”的印度狮也缩回了舌头。经过长期的融合和改铸，华夏化的狮子形象，终于形成了独特的面貌。

1. 狮在龙下

古代中国人崇拜“四灵”：麟、凤、龟、龙。华夏的始祖伏羲和女娲，都是人首龙身。皇帝也被尊为龙种。整个中华大地，几乎成了龙的国度。外来的狮子要在这样的文化生态中存活，自然不能享有它在西域那样崇高的品位，只能纳入“狮在龙下”的格局，以至形成“龙生九子，狮居第五”的古老传说（参《格致镜原》卷 90 ）。这里不妨举出几个物证：第一，唐代武则天登基后，铸造“颂德天枢”，即八棱铜柱。这座巨型“圣器”的灵物位置，龙居中，狮在侧。第二，五代前蜀高祖王建的永陵，在后室置一座仿御床的石床，正面的浮雕，也是盘龙居中，雄狮在侧。[3] 第三，唐代官服的绣袍，“诸王则饰以盘龙及鹿”，“左右监门卫饰以对狮子”（王溥《唐会要》卷 32 ）。这种尊卑分明的龙、狮袍纹，一直沿用到清代：皇子、亲王用“团龙”图案，武官一、二品才穿狮子袍。很明显，在古代中国的世俗性和封建性的礼仪中，狮既不能凌驾于龙之上，也不能与龙平起平坐，完全丧失了它在西域作为神力与王权象征的显赫地位，只能侧身于仪卫性的行列，以走狮或蹲狮的姿态，出现在历代帝陵的墓道上，守护着“西风残照，汉家陵阙”。[4]

2. 威而不怒

在佛教昌盛的南朝，印度风格的狮子形象，曾一度风行于中国的造型艺术中，其代表作就是吐舌石狮。梁代忠武王萧憺，卒于普通三年（522），其陵墓东侧的大、小石狮，一律口露长舌。平忠侯萧景，卒于普通四年（523），墓前的石狮系列，“现存为东狮，公兽，体形肥硕，胸突腰耸，首仰舌伸”。[5] 按华夏文化的传统观念，舌是“灵根”，宜藏忌露。到了唐代，“吐赤白舌”的狮相已越来越罕见，常见的造型只是张口露齿而已。对“吐舌”的修正，是狮子形象华夏化的重要步骤。开元（713—741）文士阎随侯的《镇座石狮子赋》，描述了一幅形神俱备的盛唐狮相：“威慑百城，褰帷见之而增惧。坐镇千里，伏猛无劳于武张。有足不攫，若知其豢扰；有齿不噬，更表于循良。”[6]

事实证明，这种威而不怒的镇座石狮，不仅丰富了盛唐气象，而且提供了标准化的风格，成为后代狮子形象的规范。

3. 人狮和谐

在古代波斯艺术中，常见一种人狮搏斗的题材，因盛行于萨珊时代（226—642），而被称为“萨珊风格”。风气所及，使当时西亚和中亚的织物图案和金银器纹饰，普遍出现狩猎场面：全副武装的骑士，反身射杀猛扑过来的雄狮。现存日本的“法隆寺四骑狮子狩猎文锦”以及阿姆河畔出土的“狩猎纹银碗”，就是“萨珊风格”的典型器物。[7] 一方杀气腾腾，一方张牙舞爪，这种人狮搏斗的“壮观”场面可以流行于西域，却不能传播于中土。因为，按华夏文化的传统，人（人文界）与天（自然界）的关系，应该是和谐的，而不是对抗的。从唐宋到晚清，几乎家喻户晓的“狮子戏绣球”图（以中国式驯狮术为原型），就是人狮和谐的艺术表现，它不仅被用作铜镜和瓷器的纹饰，而且成了民间年画和剪纸工艺的重要题材。

4. 家族群体

狮子的拟人化，在印度佛教《经律异相》和古代希腊《伊索寓言》中，都是屡见不鲜的。至于狮子的家族化，则是华夏文化独有的范畴。大狮、幼狮和母子狮，组成一个狮子家族的群体，类似古希腊的群雕。古代中国的寺庙、官署和祠宇门前，通常都设置一对石狮，左雌右雄，均为蹲式。雄狮左爪下有绣球一个，雌狮右爪下安抚一头幼狮。这个家族化的群体，颇有人类社会的风范，因而成了一切门狮的模式。例如，清代北京香山的碧云寺，“山门东向，石狮二。雄瘦露骨，雨溜为皮，黑色。雌肥见肉，苔绣为皮，绿色。腹皆纯白，雕镂工巧”。从麟庆撰述的图记看，碧云石狮的造型，无非是戏球狮和母子狮的合二而一。[8]《红楼梦》里贾府门前那对著名的石狮子，也同样是配套的。这种狮子形象的家族化特征，不仅反映了家族本位的华夏文化的同化能力，同时，也表现出古代石工独具匠心的艺术造诣。

到了清代，狮子在中国绘画和雕刻中已经完全定型，除流传“十斤狮子九斤头”的民间营造口诀外，还出现了相应的理论概括。关于画狮，郑绩在《梦幻居画学简明》（1866年作）中写道：“狮为百兽长，故谓之狮。毛色有黄有青，头大尾长，钩爪锯牙，弭耳昂鼻，目光闪电，巨口须髯，蓬发冒面。尾上茸毛斗大如球，周身毛发松猱如狗。虞世南言其拉虎吞貔，裂犀分象，其猛悍如此。

故画狮徒写其笑容而不作其威势，非善画狮者也。”[9]关于雕狮，李斗在《扬州画舫录》（1795 年作）卷 17 中制定了如下的营造规格：“狮子分头、脸、身、腿、牙、胯、绣带、铃铛、旋螺纹、滚凿绣珠、出凿崽子。”[10]所谓“旋螺纹”，指的是螺髻式的狮鬣，时至今日，其仍然是民间石匠雕狮的程式之一。

三、华化狮子的民俗类型

从历史上看，华夏化的狮子是芸芸众生喜闻乐见的形象，普及城乡，妇孺皆知，极大地丰富了中国民俗的文化内容。这些唐宋时代的遗风余韵，到现代仍传承未废，是值得加以回顾的。

1. 镇狮

镇门石狮，是中国民俗中最常见的狮子造型，广泛应用于陵墓、殿堂、寺庙、宗祠、官署、府第和民居。[11]它具有镇守、辟邪的神话功能，并不是装饰性的建筑部件。

华化形态的镇狮，不同于西域的奔、走、卧等姿势，几乎不分南北，都是蹲踞式的。镇狮被定位为门卫，使它更贴近人间，因而也就从仪仗化走向人文化，甚至衍生出石狮为家主“泣血鸣冤”之类的故事，在人狮之间注入了主仆缘。

关于镇狮的文化故实，以唐代高僧法藏法师（643—712）借“镇殿金狮”说法最为著名。为了给武则天解释华严义理，法藏用殿旁金狮作比喻，以金为本质，认狮子为形相，说明本质与现象的关系。此次说法记录，后来整理成书，名为《华严金狮子章》，详见《宋高僧传》卷5《法藏传》。

2. 舞狮

狮子舞自唐代以来盛行于中国民间，遍及南北各省。据《新唐书·礼乐志》，当时的“五方狮子舞”，艺人和道具均有定制：

设五方狮子，高丈余，饰以方色，每狮子有十二人，画衣执红拂，首加红抹，谓之狮子郎。

参照其他文献，可对“五方狮子”作两项具体分析：第一，狮状。白居易的《新乐府·西凉伎》这样描写：“刻木为头丝作尾，金镀眼睛银帖齿。奋迅毛衣摆双耳，如从流沙来万里。”现代的“醒狮”，就是以此为雏形的。第二，狮色。五色之中，“黄”是帝王之色，除天子之外，谁也不能舞黄狮子。著名诗人王维，就曾经触犯禁忌而吃了大亏：“王维为大乐丞，被人嗾令舞黄狮子，坐是出官。黄狮子者，非天子不舞也，后辈慎之。”（王谠《唐语林》卷5）

经过世世代代的传承和提炼，狮子舞已经退尽西域色彩，变成群众性的中华风俗舞了。在逢年过节或迎神赛会的喜庆活动中，舞狮出场，司空见惯。当然，南北风俗各异，舞法也不尽相同。在清代粤东地区，“舞”与“武”相结合，可说是中国舞狮艺术的奇葩。张心泰笔下的同治年间（1862—1874）潮州狮子戏，是颇能开人眼界的：

> 潮嘉新年有舞戏，以五色布为狮身，狮头彩画。如演剧式：一人擎狮头，一个擎狮尾。一个戴大头红面具，裼裘短衣，右手执竹梢，左手蒲葵扇，为沙和尚。别一短小精悍者为小鬼，蒙鬼面。随行十余少年，手戈盾叉棒之属，红巾结束，鸣锣杂沓。于正月朔日至各村庄人家家庙参谒，谓之“狮参”。是日参拜而已，不使拳棍。至初二日以后来者，则沙和尚与狮交战，战毕出竹架，令小鬼跳之，为小鬼跳架，再弄拳棒则诸少年齐至广场，各逞武艺。始交拳技，继以戈盾叉棒，最后则攒刀：设大桌，尖刀矗其前，矫捷少年超逾桌，刀尖摩腹，危若剖分，观者心怖气。盖即古傩礼意。
>
> 然习俗相传则曰“狮者师也”，乡人岁晚无事，习武艺，习必延师指示，借狮戏为名。（张心泰《粤游小志》，《小方壶斋舆地丛钞》第九帙）

像这样的狮子舞，已经将舞蹈、杂技和武术熔为一炉。难怪在现代的潮州方言里，武术教练被称为“拳头狮父”了。

3. 糖狮

中国的饮食文化不仅讲究色香味，而且非常重视造型美。北宋汴京（开封）的饮食店已经出售“乳糖狮子”（孟元老《东京梦华录》卷 2“饮食果子”条）。到了清代，糖狮风靡江南各地，孔尚任有诗吟咏："东南繁华扬州起，水陆物力盛罗绮。朱橘黄橙香者橼，蔗仙糖狮如茨比。"（《孔尚任诗》卷 2）北京的集市也出售糖狮。翟清江《上元日游琉璃厂观百戏五十韵》云："辉煌嗤药玉，突兀诧糖狮。"（《雪桥诗话余集》卷 5）糖狮是"兽糖"中的一种，其制法包括熬糖、入模、脱胎等工序，明末的科学家宋应星有详细记载，见《天工开物》卷上"造兽糖"："凡狮、象糖模，两合如瓦为之。杓泻糖入，随手覆转倾下。模冷糖烧，自有糖一膜靠模凝结，名曰享糖，华筵用之。"

4. 雪狮

顾名思义，"雪狮"之戏属于北国风光。北宋的贵族之家，每逢隆冬，开筵宴乐，塑雪狮是一种豪华的排场。孟元老《东京梦华录》卷 10 记其事云："是月（十二月）虽无节序，而豪贵之家，遇雪即开筵，塑雪狮，装雪灯，雪□（缺字）以会亲旧。"尽管用瑞雪塑狮，有吉祥之寓意，但无法持久，气温一升就非融化不可。对此，宋诗中也偶有讥讽。宋代赵德麟《侯鲭录》卷 8 引张文潜《戏作雪狮绝句》云："六出装来百兽王，日头出后便郎当！"所谓"六出"，既是"雪花六出"之略，又是唐宋狮子戏的术语。请看中唐高僧药山（惟俨）和云岩（昙晟）谈禅的一段对话：

> 山又问："闻汝解弄狮子，是否？"曰："是。"曰："弄得几出？"师曰："弄得六出。"曰："我亦弄得。"师曰："和尚弄得几出？"曰："我弄得一出。"师曰："一即六，

六即一。”（《五灯会元》卷5）

“六出”即是六套，组成一个狮子戏的系列。和尚也擅此道，可知狮子戏为僧俗所共好。

5. 丧狮

除节庆宴乐的场合外，狮子在殡葬礼俗中也扮演着独特的角色。清代济南民间，出殡有“送狮豹”的吊祭仪式：

> 殡期至亲及最契之友送狮豹：狮豹者，用花毯作身，木作首尾，一人裹于其中。开吊时，列于大门左右。及启灵，狮豹先入于灵前舞蹈。丧家先备制钱一千或两千，置于灵几。舞蹈毕，卧于旁，从腹中出小狮讨喜钱，即攫几前钱而去。间有用数人假戏场衣冠，于狮豹舞毕演戏一折，然后启灵。此等乡间皆亲友为之，城市有用贫人者。近于鞭子巷设狮豹局，然用之者犹谓之“请”，不得出钱雇赁。狮豹送葬不及坟。（孙点《历下志游》，《小方壶斋舆地丛钞》第六帙）

这种独特的丧狮礼仪，使殡葬带上“喜丧”的色彩，庄严而又乐天，真是别开生面。“狮豹局”专营其事，说明此俗已经成风了。

6. 神狮

狮子不仅融入人事的哀乐之中，而且被视为家畜的保护神。以耕牛为例，清代成都流传过这样的《狮王神疏》：

> 伏以狮为百兽之尊，尊者莫如狮也，况狮而神乎！我境狮王尊神，历神显圣，六畜有病，符水多灵，可云利物利人，惟是无灾无害。今某家有牛受病，水草不沾。特备香楮等敬祈尊神降敕符水，俾其服之，有力如虎，不染瘟灾，大武如龙，长生水草。群物叨爱育之德，益显仁民之恩矣。谨疏以闻。[12]

此外，湖南乡间敬奉“狮王大圣”，祈免发生猪瘟，也同样是神狮功能化在民俗上的表现。

据上引证，可知在民间传统中，狮子被视为哀乐与共、利物利人的神秘力量，这是华夏文化区别于西域狮文化的历史和民族的特色。

四、结语

狮子形象的华夏化，从移植、归化到创新，经历了漫长的过程，凝聚着历代能工巧匠的心血。潜移默化之后的中国狮，独立于世界艺术之林，堪称“中华一绝”。经过华夏文化的陶冶，源出西域的狮子形象，大放异彩，取得在形和神两个方面的中国气派。按其造型的文化内涵，具有天人和谐及家族本位的特征：既保存狮子的威武，又赋予它祥和的面貌；既受民间喜爱，也可登大雅之堂。事实表明，历代中国人所赞赏的，并非狮的形体，而是狮的精神。难怪“狮子吼”一度被喻为近代中国救亡的呼声，表达了尘世的抗争和人的呐喊。

注释

［1］罗常培．语言与文化．北京：语文出版社，1989：19~20。文中“88 年”应作“87 年”。参见薛爱华（Edward H. Schafer）．康国金桃（*The Golden Peaches of Samarkand: A Study of T'ang Exotics*）．伯克利：加州大学出版社，1963：86~87。

［2］斯塔维斯基．坦密故城出土的石狮柱础//东方文化遗迹（俄文版），1985：193~194。

［3］冯汉骥．前蜀王建墓发掘报告．北京：文物出版社，1964：37~38。

［4］程征，李惠编．唐十八陵石刻．西安：陕西人民美术出版社，1988：97~107。公元 2 世纪中期，东汉安邑县长尹俭墓“阙南有二狮子相对”，是已知镇墓狮的最早记录。参见杨宽．中国古代陵寝制度史研究．上海：上海古籍出版社，1985：73。

［5］姚迁，古兵编．南朝陵墓石刻．北京：文物出版社，1981。

［6］全唐文（卷 400）。

［7］［日］桑山正进．法隆寺四骑狮子狩纹锦的制作年代（一）//江上波夫教授古稀纪念论集·考古美术篇．东京：山川出版社，1976：143~150。关于萨珊风格的狮子狩猎纹及其对唐代金银器的影响，可参看

[瑞典]葛兰域.唐代金银器//斯德哥尔摩远东博物院院刊(英文版)(卷29)，1957：117~119。

[8]麟庆著，汪春泉，等绘图.鸿雪因缘图记.北京:北京古籍出版社，1984。

[9]俞剑华，编.中国画论类编（下卷）.北京：人民美术出版社，1986：1200。

[10]李斗.扬州画舫录（卷17）.扬州：江苏广陵古籍刻印社，1984：387。

[11]杨宽.中国古代陵寝制度史的研究.上海：上海古籍出版社，1985：72~85。

[12]傅崇矩.成都通览（上册）.成都：巴蜀书社，1987：531。

敦煌方志写本的地域特色

柴剑虹

一、前言

1900 年敦煌莫高窟藏经洞所出的约 6 万件（号）4 世纪至 11 世纪的古代写卷，除佛、道等宗教典籍外，还有大量社会文书及可归入传统经、史、子、集四部书类的珍贵文献，其中带有鲜明敦煌地域特色的地方文献颇引学界注目。本文在前人释读整理莫高窟藏经洞所出 17 种 20 个卷号敦煌方志写本的基础上，以追溯地方志源流和简述敦煌方志类别为引子，从敦煌方志记载的丝绸之路南北中三道交通、西部山川风土、移民社会的居民组成及信仰习俗等三个方面论述它们鲜明的地域特色。

二、敦煌方志写本考释

著名历史学家王仲荦教授曾著《敦煌石室地志残卷考释》（上海古籍出版社，1993 年版），就对已知藏经洞所出地志类写本详加考释，计有 15 种 17 个卷号：

1. 敦博 58 号《唐天宝初年地志残卷》（或称《唐天宝初年

郡县公廨本钱簿》）

2.P.2522 号《贞元十道录·剑南道残卷》

3.P.2511 号《诸道山河地名要略残卷第二》

4.P.2005 号、P.2695 号《沙州都督府图经》

5.S.2593 号《沙州图经》

6.S.788 号《沙州地志残片》

7.P.2691 号《沙州志残片》

8.S.5448 号《敦煌录》

9.P.3721 号、S.5693 号《瓜沙两郡大事记》

10.S.1889 号《敦煌氾氏人物传》

11. 敦煌蔺氏原藏向达抄本《寿昌县地镜》

12.S.0367 号《沙州伊州地志》

13.P.2009 号《西州图经》

14.P.3532 号《慧超往五天竺国传》

15.S.0383 号《西天路竟》

之前，兰州大学郑炳林曾出版《敦煌地理文书汇辑校注》（甘肃教育出版社，1989 年版），汇校了 43 个敦煌写本，分为六个部分：一、“沙州、伊州、西州地区残地志”（9 个卷号）；二、敦煌地理杂文书（12 个卷号）；三、全国性地志（4 个卷号）；四、往西域行记（7 个卷号）；五、往五台山行记（6 个卷号）；六、姓氏地理遗书（5 个卷号）。鉴于其采用比较宽泛的“地理文书”概念，与传统意义上的“方志”不能等同。而王仲荦的考释又完成于 1984 年之前，其本人又于 1986 年逝世，不可能看到郑书，或许材料尚有缺漏。按通常对地方志内容的理解及王教授的选取标准，笔者认为还可以再补充两种：

16.P.2625 号《敦煌名族志》

17. 敦博 76 号《地志残卷》

之后，敦煌研究院李正宇研究员也曾对藏经洞所出 8 种“乡土志”做了详尽的笺证（《古写本敦煌乡土志八种笺证》，台北新文丰出版公司，1998 年版）。这 8 种是：

1. S.2593 号《沙州图经卷第一》

2. P.2005 号《沙州都督府图经卷第三》

3. P.5034 号《沙州图经卷第五》

4. S.788 号《沙州志》

5. S.367 号《沙州伊州志（沙州寿昌县之部）》

6. P.2691 号《沙州归义军图经略抄》

7. S.5448 号《敦煌录》

8. 敦煌吕钟氏抄本《寿昌县地境》

其第三种（P.5034 号）为王书所缺，乃据日本学者池田温教授定名（黄永武教授定名为“沙州附近关山泉泽等地志”）；第六种定名与王书有异（《敦煌遗书总目索引新编》则依其中有《沙州城土镜》一则而定名）；第八种注明用“敦煌吕钟氏抄本”一名，与王仲荦所用的敦煌学家向达的过录本为同一抄本。这样，现知藏经洞所出地志，共有 17 种 20 个卷号。上列 17 种写卷中，有 4 种属于唐代全国性的方志，并非敦煌当地所撰，不列入本文论述范围。其余 13 种地志，视其内容及文字风格，则皆应出自敦煌士子之手，具有鲜明的地域特色。王、李二位先生的工作，为研究敦煌地志写本打下了坚实的基础。此外，笔者同门学长来新夏教授在其专著《中国地方志》（台湾商务印书馆，1995年版）第二章《历代的方志编纂》和《古籍整理讲义》（鹭江出版社，2003年版）的《论地方志》一章里均曾简略提及藏经洞所出的《沙州图经》与《西州图经》，称许其“文字简洁，叙事明爽”，“有助于研究唐代志书的编纂体例”，启示笔者进一步探究敦煌地志的风格特色。

三、中国古代方志源头

中国古代方志源远流长，其源头各说不一，但最初形式肯定与“版图”有关。《周礼·天官冢宰》说“官府之八成经邦治”，其三即“听闾里以版图”，司书职掌“邦中之版，土地之图”；《周礼·地官司徒》说大司徒“掌建邦之土地之图与其人民之数”；《周礼·夏官司马》说得更具体明确：“司险掌九州之图，以周知其山林、川泽之阻，而达其道路。”“职方氏掌天下之图，以掌天下之地，辨其邦国、都鄙、四夷、八蛮、七闽、九貉、五戎、六狄之人民，与其财用九谷、六畜之数要，周知其利害。”“版”是户籍，兹不论及。“图”即地图，图与文字配合，谓之图志、图经。后来“经”“志”的文字逐渐充实、加强，官修方志的基本框架、内容遂形成规模。如《新唐书·百官志》所云：

（兵部）职方郎中、员外郎各一人，掌地图、城隍、镇戍、烽候、防人道路之远近及四夷归化之事。凡图经，非州县增废，五年乃修，岁与版籍偕上。凡蕃客至，鸿胪讯其国山川、风土，

为图奏之，副上于职方；殊俗入朝者，图其容状、衣服以闻。（中华书局点校本，1979 年版，第 1198 页）

由此可见，唐代以“图经”为主的官修方志的基本框架是图文相辅，内容大致包括山川地名、建置设施、道里四至、风土人情（全国性总志如《括地志》《元和郡县图志》，地方性志如《蛮书》《吴地记》）。这类宋代以前中央或中原地区州、郡的官方图经，孑遗甚稀，已难睹真貌；至于边鄙所撰，更是几乎湮没无闻。宋元以后方志流传渐多，内容也逐渐充实，尤其是明清时期官修方志规模扩展，蔚为大观，所含门类日益丰富，乃至包罗万象，许多内容往往既与正史中的地理志、艺文志的记叙相近，又常常包含在正史或野史的一些史传（如人物传记、四夷传等）中，所以历代论方志者不乏“史”“志”（“传”）之辩。现在我们看到了弥足珍贵的敦煌所出地志的唐五代写本原貌，庶几可了解当时地方史志类图经的真实情况，对其时代性（或曰即时性、当代性）、地域性当有更真切的感受。

敦煌所出当地的 13 种地方志（乡土志），其名称不一，有“图经”“志”“录”“人物传”“大事记”“地镜”“路竟”等，实际上大致可以归为两类：一是原先有地图的“图经”；一是以地域为中心，或附有人物、名族、路竟等无图的“志书”。鉴于图经类的图皆已佚失，仅存文字部分，而且今天看来两者在记录、叙述方式上并无太多的区别。因此，本文不会对这 13 种地方志做更细致的分类研究，只是谈谈它们所体现的地域特色。

四、敦煌地方志的地域特色

要认识敦煌地方志的地域特色，必须首先了解敦煌在著名的“丝绸之路”上的特殊地位。《隋书·裴矩传》引了裴所撰《西域图记·序》里的一段话：

> 发自敦煌，至于西海，凡为三道，各有襟带。北道从伊吾，经蒲类海……至拂菻国，达于西海。其中道从高昌……至波斯，达于西海。其南道从鄯善，于阗……至北婆罗门，达于西海。其三道诸国，亦各自有路，南北交通。……故知伊吾、高昌、鄯善，并西域之门户也。总凑敦煌，是其咽喉之地。（中华书局点校本，1979 年版，第 1579~1580 页）

裴矩的这段话非常重要，说明经过隋炀帝时代的苦心经营，隋唐之际，丝绸之路已经有了相对稳定的南、中、北三道，分别以鄯善（今楼兰附近）、高昌（今吐鲁番地区）、伊吾（今哈密）三地为进入西域的“门户”；而敦煌则为“总凑”三道之“咽喉”。敦煌对于丝绸之路的重要性，非同一般。然而，唐代正史及全国性地志所载丝路，也只是几条干道而已，具体交通均语焉不详。敦煌所出地志则正好弥补了这个缺憾，并成为其十分引人注目的特色。

P.2005 号《沙州都督府图经》（见图 1）除开头部分有残缺外，是 13 种方志中体例、内容最为完整者。其叙沙州以东及东

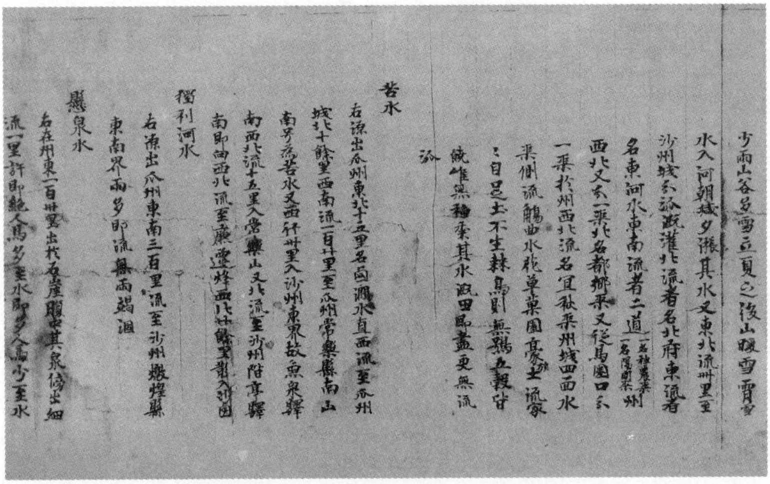

图 1　P.2005 号《沙州都督府图经》

北“一十九所驿并废”的文字尤可注意。这 19 所驿站名称如下：州城驿、清泉驿（原名“神泉驿”）、横涧驿（驿侧有涧）、白亭驿（因烽为号）、长亭驿（因烽为号）、甘草驿（驿侧有甘草）、阶亭驿（因烽为号）、瓜州三驿（新井、广显、乌山）、双泉驿（置第五道莫贺延）、第五驿、冷泉驿、胡桐驿、东泉驿、其头驿、悬泉驿（原名“空谷驿”，置悬泉谷）、鱼泉驿、无穷驿（置无穷山）、空谷驿（置空谷山南）、黄谷驿。该志中不仅注明每一驿“去州东”“在州东”或“在州东北”的道里数，而且特别强调为“奉敕置”“奉敕移”或“奉敕移废”；其得名则大多与山、泉、涧、草木及烽燧相关，有的还透露了改道、改驿的缘由；有四驿则明确规定了“沙州百姓越界捉”。这为我们了解唐代丝路咽喉之处的驿站设置及功能提供了非常难得的资讯。

1.《西州图经》

丝路中道（即旧北道）是唐时最常用、通畅的途径，但实际情况是在出阳关或玉门关后，和通伊吾、北庭的新北道有交叉。敦煌本 P.2009 号《西州图经》残卷就为我们提供了中、北交叉“道十一达”干线的具体情形：

赤亭道　右道出蒲［昌县界］碛卤杂沙（以下残缺，用……表示）

新开道　右道出蒲［昌县界］……［贞］观十六年……有……之……阻贼不通。

花谷道　右道出蒲昌县界，西合柳中，向庭州七百卅里，丰水草，通人马。

移摩道　右道出蒲昌县界，移摩谷，西北合柳谷，向庭州七百卅里，足水草，通人马车牛。

萨捍道　右道出蒲昌县萨捍谷，西北合柳谷，向庭州七百卅里，足水草，通人马车牛。

突波道　右道出蒲昌县突波谷，西北合柳谷，向庭州七百卅里，足水草，通人马车牛。

大海道　右道出柳中县界，东南向沙州一千三百六十里，常流沙，人行迷误。有泉井，咸苦。无草。行旅负水担粮，履践沙石，往来困弊。

乌骨道　右道出高昌县界北乌骨山，向庭州四百里，足水草，峻险石危，唯通人径，马行多损。

他地道　右道出交河县界，至西北向柳谷，通庭州四百五十里，足水草，唯通人，马行多损。

白水涧道　右道出交河县，西北向处月以西诸番，足水草，通车马。

银山道　右道出天山县界，西南向焉耆国七百里，多沙碛卤，唯近烽足水草，通车马行。

此 11 道，王仲荦均有考释，证明不仅可大大补充正史典籍记载之不足，而且恰好弥补了玄奘《大唐西域记》所述在出敦煌进入阿耆尼（焉耆）、屈支（龟兹）之前的经行道路，无论是沿丰茂水草而行的通畅之路，还是不得已涉足流沙蔽日的困顿之径，都为今天考证玄奘西行经伊州至高昌提供了历史资料与丰富的想象空间。近三十年来，考古工作者也参考《西州图经》，对上述道路进行了卓有成效的踏查，取得了积极的成果。

2.《寿昌县地镜》

首尾完整的《寿昌县地镜》原藏敦煌某氏，现已下落不明，至为可叹（王仲荦说此卷后归敦煌博物馆，似不确）。幸向达曾据抄本转录，使我辈今日尚能得见其内容。该卷尾题“晋天福十年乙巳岁六月九日，州学博士翟上寿昌县令《地镜》一本”。据向达考证，此卷当为公元 945 年由后来成了著名天文历法家的翟奉达所撰呈。笔者认为该卷最重要的价值在于记载了玉门关以西的地理、城池情况，如石城（古鄯善、楼兰）、屯城（伊循）、新城（古弩支）、葡萄城（今若羌）、萨毗、蒲昌海（罗布泊）、播仙镇（故沮末城，今且末）等，这正是丝路南道的经行之处。与 S.0367 号《沙州伊州地志》的记载相印证（如“萨毗城……近萨毗泽，山险阻，恒有吐蕃及吐谷浑来往不绝”），此南道因常有吐蕃、吐谷浑兵马骚扰，故时被阻断，加上自然条件日趋恶劣，乃至最终被废止。

3.《西天路竟》

撰写时间稍晚（约在宋初）的 S.0383 号《西天路竟》（见图 2）也记载了从东京（开封）出发至灵州（今宁夏灵武西南）西行印度求法取经的路程，据王仲荦考释，其大致路线为：玉门新关—

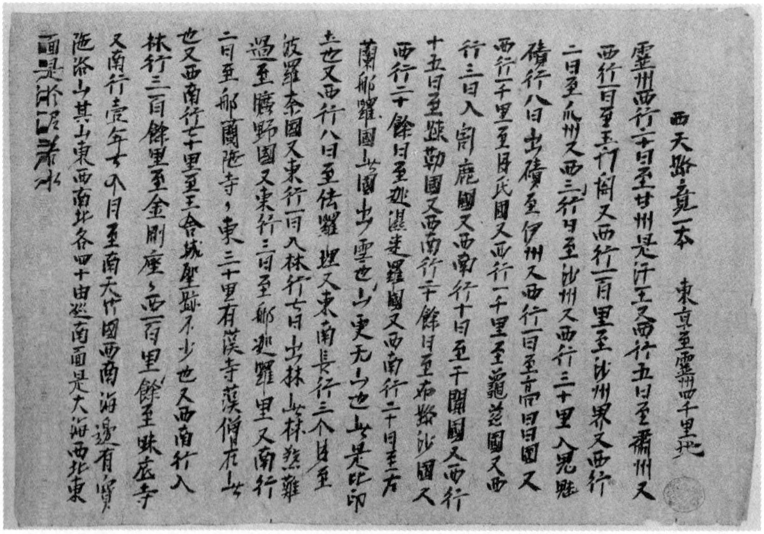
西天路竟一本　東京至靈州四千里地
靈州西行二十日至甘州是汗王又西行五日至肅州又
西行一日至玉門關又西行一百里至沙州界又西行
二日至瓜州又西行三日至沙州又西行三十里入鬼魅
磧行八日出磧至伊州又西行一日至高昌國又
西行一千里至月氏國又西行一千里至龜茲國又西
行三日入割鹿國又西南行十日至于闐國又西行
十五日至疏勒國又西南行十餘日至布路沙國又
西行二十餘日至迦濕彌羅國又西南行二十日至左
蘭那羅國此國出雪也山更无山也此是北印
土也又西行八日至佉羅理又東南長行三個月至
波羅奈國又東行一百八林行七日出林此林然難
過至臍野國又東行三日至那迦羅里又南行
二日至那蘭陁寺，東三十里有漢寺漢僧在此
也又西南行七十里至王舍城聖跡不少也又西南行入
林行三百餘里至金剛座，西一百里餘至昧底寺
又南行壹年七八月至南天竺國西南海邊有寶
陁洛山其山東西南北各四十由巡南面是大海西北東
面是泥沼漾水

图 2　S.0383 号《西天路竟》

瓜州—沙州—（经莫贺延碛）伊州—高昌—焉耆—龟兹—割鹿（葛逻禄）—于阗—疏勒—布路沙（大勃律）—迦湿迷罗（克什米尔）—印度（天竺各国）。这实际上也是先北上再南折经行丝路中道赴印度的路线。这也说明这条道路至少在宋初还是基本畅通的。这里还要顺带一提，敦煌所出 P.3532 号《往五天竺国传》残卷所载，慧超西往天竺求经之西域山川城池，基本上在今尼泊尔、印度境内，前辈学者已对照《法显传》《大唐西域记》等有详细考辨，当然也为中唐以后的西域交通及风土人情提供了一手资料，其价值自不待言。

五、敦煌地志描述的西部山川风土

敦煌地志鲜明的地域特色还体现在对西部山川风土简洁而生动的描述上。鉴于撰写者应为敦煌本地的文人士子，多为亲眼所见，自身感受，或得诸当地民间传闻，故能写得真切动人。如对敦煌鸣沙山的叙述：

> 水东即是鸣沙流山。其山流动无定，峰岫不恒，俄然深谷为陵，高崖为谷，或峰危似削，孤岫如画，夕疑无地，朝已干霄。中有井泉，沙至不掩。马驰入践，其声若雷。（《沙州都督府图经》）
>
> 鸣沙山，去州十里。其山东西八十里，南北四十里。高处五百尺，悉纯沙聚起。此山神异，峰如削成。其间有井，沙不能蔽。盛夏自鸣，人马践之，声振数十里。风俗：端午日，

城中士女皆跻高峰，一齐繠下，其沙声吼如雷。至晓看之，峭崿如旧，古号鸣沙，神沙而祠焉。（《敦煌录》）

鸣沙山的范围、形态、动势，山下井泉（按：即今月牙泉）“沙不能蔽”的神奇，乃至当地士女端午登高滑沙的风俗，均用以四言为主的寥寥数语便描述得鲜活灵动。前引“峰危”四句动静结合，极为凝练、传神；后引“风俗”数语，俨然一幅风情画。如此文字，若无实际感受，是写不出来的。当然也有若干在敦煌地区流播广泛的民间传说、历史故事，在这些地志作者的笔下也栩栩如生。例如大将李广刺山形成贰师泉的故事，北凉时老父投书预言兴亡的记载，唐初刺史张孝嵩（一曰张孝恭）屠龙为民除害的传说，均文字简要而叙述清晰、生动、完整，有的还征引《西凉异物志》《十六国春秋》等志书叙其来历，以增添其可信度与感染力。

西部边塞特有的“土河”及古长城遗址等，由于撰志者经过认真的踏勘，在这些地志中也有具体的记述，如记“古长城”：

高八尺，基阔一长，上阔四尺。右在州北六十三里，东至阶亭烽一百八十里，入瓜州常乐县界。西至曲泽烽二百一十二里。正西入碛，接石城界。……因汉元帝竟宁元年，侯应对词曰：孝武出军征伐，建塞起亭，遂筑外城，设屯戍以守之。即此长城也。（《沙州都督府图经》）

这不仅说明了此汉长城修筑由来及年代，而且说明了其至盛唐时期犹存宏大规模，在沙州境内即绵延三百余里，而且一直穿越沙碛，延伸到石城镇（今新疆若羌），为我们今天进一步考察长城遗迹提供了宝贵的线索。其他重要遗址，如古塞城，阿（河）仓、效谷古城，阳关、玉门故关，地志中俱有记述。另如该图经中对戈壁绿洲“沙碛至多，咸卤盐泽，约余大半”的记载亦颇具特色，如：

> 东盐池水　右在州东五十里，东西二百步，南北三里。其盐在水中，自为块片，人就水里漉出曝干，并是颗盐，其味淡于河东盐，印形相似。
>
> 西盐池水　右俗号沙泉盐……总有四陂，每陂二亩已下。时人于水中漉出，大者有马牙，其味极美，其色如雪。取者既众，用之无穷。

S.0788 号《沙州地志》中对东、西盐池的记载略同；S.0367 号《沙州伊州地志》残卷对“陆地盐池”的描述则是“碛中无水，陆地出盐。月满味甘，月亏即苦。积久采取，竟无损减”。其与《元和郡县图志》中有关伊州“陆盐池”的记述可相印证，其盐味和月亮盈亏的关联是否有科学依据，颇值得研究。

此外《图经》中还有对“蒲昌海五色”的描述，虽然其本意是作为“祥瑞”来记载的，但是反映了位于塔里木盆地的罗布泊，在唐代时而“浊黑混杂”时而“清明彻底”，变幻不定的事实；而在《寿昌县地镜》《沙州伊州地志》中，都说当时“蒲昌海……其海围广四百里”。其主要水源来自汇入的两个支流——葱岭河（即今叶尔羌河）和于阗河（即今和田河），“伏流地下，南出积石山”，成为季节性河流（即今塔里木河）。这些，对我们了解这一特殊地貌的环境变迁不无参考意义。

六、敦煌地区居民习俗信仰

作为丝绸之路咽喉的敦煌地区，不仅是中西商贸活动的重镇，而且是古代中华文明、印度文明、希腊罗马文明和伊斯兰文明的交汇之地，是各民族文化交流的大舞台，也是儒家与佛教、道教、摩尼教、景教、祆教相容并蓄的场所。同时，大规模兴修水利，积极发展农牧业，重视官学、私学、寺学并举的学校教育，就形成了敦煌地区独特的人文背景。这一点为莫高窟藏经洞丰富的古代文献所证明，在敦煌地志中也多有体现。限于篇幅，本文仅选取居民族群和信仰、习俗方面的内容略加说明。

在汉武帝开拓西域之前，敦煌原是“地广民稀”(《汉书·地理志》)之地，自元鼎六年（公元前111）设敦煌、张掖二郡后，又设阳关、玉门关，大批汉人来此屯垦戍边，该地区的居民人数增加，族群构成亦发生了变化，最终成为一个多民族聚居的移民社会。从藏经洞所出的《敦煌名族志》和几种敦煌地区的“百家姓”可以得知，从西晋到唐五代宋初，不仅中原、江汉地区人户曾大量陆续移居敦煌，而且东往西来的僧人和“商胡”亦不乏定居敦煌者。汉、藏（吐蕃）、吐谷浑、回鹘、粟特、印度、波斯、昭武九姓（石、史、米、康、曹、安等）及新罗等民族和姓氏均在敦煌共同生活。一方面，敦煌地区的世家望族（如张、阴、氾、索、曹、李等）每每掌控了该地区的政治权力；另一方面，他们也对传承儒家文化起到了十分关键的作用。例如 S.1889 号《敦煌氾氏人物传》着重记载了氾氏自公元前 28 年“自济北卢县，徙居敦煌，代代相生，遂为敦煌望族”的 11 位名人传记，其中就特别强调了他们的学问由来与学术传承，所谓“学通经礼”“博学属文”“明通经纬”“善属文”“有经学”云云，都和敦煌地区长期重视讲授儒家经学有关。另如《沙州都督府图经》载：

> 州学　右在城内，在州西三百步。其学院内东厢，有先圣太师庙，堂内有素先圣及先师颜子之像，春秋二时祭祀。
>
> 县学　右在州学西，连院，其院中东厢有先圣太师庙，堂内有素先圣及先师颜子之像，春秋二时祭祀。

该《图经》还专列“嘉纳堂”一则，引述了《西凉录》的记载：“凉王李暠庚子五年，兴立泮宫，增高门学生五百人。起嘉纳堂于后园，图赞所志。”像这样在敦煌地区招收数百上千生徒讲授经学的情况，在史书中也有记载。又如该《图经》里，“张芝墨池”一则不但赞颂了敦煌张芝、索靖在中国书法史上的崇高地位，而且肯定了敦煌县令赵智本“劝诸张族一十八代孙”“令修葺墨池，中立庙及张芝容”的重视文化传承的举动。至于在中晚唐时期敦煌地区引人注目的“寺学”状况，笔者另有撰述，兹不赘述。

事实证明，作为有莫高窟千佛洞胜境的敦煌地区，不仅佛教繁盛，其他宗教与民间信仰也并行不悖。如《图经》中列有“四所杂神”，除土地庙、风伯神、雨师神外，还有信奉拜火教的祆神庙（《沙州伊州地志》中称“火祆庙，中有素书，行像无数”）；

有“其水咸苦，唯泉堪食”的“兴胡泊”（《沙州地志》的说明是“余水皆苦，唯此可饮”），与商胡密切相关。敦煌文献中还每见“从化乡”名，乃以经商为主的粟特人集中居住的村落。《敦煌录》中除记叙莫高窟外，还记载了金鞍山神庙、李先王庙、玉女泉观等。据敦煌研究院谭蝉雪的考察，唐五代时期敦煌的宗教、岁时节日的民俗活动丰富多彩，每月都要举行五次以上，除佛教的上元、浴佛、行像、盂兰盆节、印沙佛等活动外，祭社稷、赛祆、赛天王、赛青苗葡萄驼马等各色神、祭风伯雨师川原、驱傩等，几乎各种宗教与民间信仰、各民族风采都有其充分展示的活动场所，都得到政府、寺院与民众社团的支持。《沙州都督府图经》末尾引述了唐载初元年（690）风俗使从敦煌地区“百姓间采得”的“歌谣”，歌颂这个“黄山海水，蒲海沙场；地邻蕃服，家接浑乡”的戈壁绿洲：“穆斯九族，绥彼四方。”“包含五色，吐纳三光。”笔者以为，这正是古代敦煌历史文化相容、包容、宽容特性最简洁形象的概括，也是敦煌方志最鲜明的地域特色。

敦煌《舜子变》与广西壮族师公戏《舜儿》

金文京

一、前言

近年来在中国各地陆续被发现的傩戏（指具有宗教性质的假面戏而言）以及有关傩文化的资料，不仅对中国戏剧史，而且对整个中国文化及社会架构的重新检讨，具有重大意义，笔者认为其重要性绝不亚于本世纪初在敦煌石窟所发现的唐五代通俗文学“变文”等宝贵文献。

敦煌地处中国西北边陲，“变文”制作年代大致为唐五代至宋初；傩戏则主要分布于云南、贵州、广西等西南地区，其渊源虽古，却流行于明清以后。两者无论时地，都相差甚远，其文献性质也迥然不同。不过，它们都不期而然地保留着过去在中原地区盛行一时，后来却因时过境迁被淘汰以至销声匿迹的部分文化面貌，致有偶尔不谋而合的现象。舜子故事为其中之一。本文将对敦煌《舜子变》与广西壮族师公戏《舜儿》的内容进行比较，探讨其背景及相关问题，以期阐明边缘文化在中国文明中的特殊地位及其研究上的价值。

二、古代有关舜的故事

众所周知，舜是儒家推崇备至的古代传说中的圣人。他被父亲屡次虐待却尽其孝行的传说，见于《孟子》《史记》等书，后来又在民间广为流行、影响深远的《二十四孝》中排名第一，以至不只儒家卫道之士津津乐道，且因其故事本身具有浓厚的民间文学色彩，一般民众也乐为听之，是儒家经典中最为脍炙人口的故事之一。兹先引《孟子》《史记》中相关部分如下：

> 万章曰：父母使舜完廪，捐阶，瞽瞍焚廪。使浚井，出，从而掩之。象曰："谟盖都君咸我绩。牛羊父母，仓廪父母，干戈朕，琴朕，弤朕。二嫂使治朕栖。"象往入舜宫。舜在床琴。象曰："郁陶思君尔。"忸怩。舜曰："惟兹臣庶，汝其于予治。"（《孟子·万章上》）

> 舜父瞽叟盲，而舜母死。瞽叟更娶妻而生象。象傲，瞽叟爱后妻子，常欲杀舜。舜避逃，及有小过则受罪。顺事父及后母与弟，日以笃谨，匪有懈。……舜父瞽叟顽，母嚚，弟象傲，皆欲杀舜。舜顺适不失子道，兄弟孝慈，欲杀不可得。即求，尝在侧。舜年二十以孝闻。……瞽叟尚复欲杀之，使舜上涂廪，瞽叟从下纵火焚廪。舜乃以两笠自扞而下，去，得不死。后瞽叟又使舜穿井，舜穿井为匿空旁出。舜既入深，瞽叟与象共下土实井，舜从匿空出，去。瞽叟、象喜，以舜为已死。象曰："本谋者象。"象与其父母分，于是曰："舜

妻尧二女，与琴，象取之。牛羊仓廪予父母。”象乃止舜宫居，鼓其琴。舜往见之。象愕不怿，曰：“我思舜正郁陶。”舜曰：“然，尔其庶矣。”舜复事瞽叟爱弟弥谨。（《史记·五帝本纪》）

两书所述虽详略不同，且后妻情节只见于《史记》，至于舜父瞽叟及弟象欲谋害舜的方法，则不外乎是逼上仓廪从下纵火烧杀以及入井后从上实土掩杀二途，无不相同。

三、敦煌《舜子变》中的后母故事

敦煌《舜子变》基本上继承了以上《孟子》《史记》的情节，却在上仓、下井之前还有一则故事，且谋害舜的主体从《孟子》《史记》中的瞽叟、弟象转移到后妻，后妻扮演了重要的角色，值得注意。

《舜子变》有两种抄本：一为 S.4654 ，仅存前面三分之一；另一为 P.2721[1]，约存后面三分之二，两者内容大致上前后衔接，中间只漏了一小部分。虽然 S.4654 抄本误字、白字颇多，如“瞽叟”都写成“苦嗽”，较为粗糙；P.2721 抄本则不然。其可被认定为同一作品的两种不同抄本。至于其体裁，便不同于一般“变文”的韵散交替方式，而是以主要六言一句、隔句押韵的俗赋体。以下是从开头到逼上仓屋要烧死以前的部分[2]：

姚（尧）王里（理）化之时，日洛（落）千般祥瑞。舜有亲阿孃在堂，乐登夫人便是。乐登夫人染疾，在床三年不岂（起）。夫人唤言苦（瞽）嗽（叟），“立（妾）有姑（孤）男姑（孤）女。流（留）在儿婿手顶（头），愿夫莫令边（鞭）耻。苦（瞽）嗽（叟）报言娘子：“问（闻）疾病愸有，夫人大须摄治。”道了命终。舜子三年池（持）孝，淡（禫）服十日寡［挂］体。苦（瞽）嗽（叟）唤言舜子：“我舜子小（少）失［却］阿孃，家里（里）无人主领。阿耶取（娶）一个计（继）阿孃来，我子心里何似。”舜子抄手启阿耶：“阿耶若取（娶）得计（继）阿孃来，也共亲阿孃无贰。”苦（瞽）嗽（叟）取（娶）得计（继）阿孃，不经旬日中间，苦（瞽）嗽（叟）唤言舜子：“寮（辽）阳城兵马下，今年大好经记（纪）。阿耶暂到寮（辽）杨（阳），沿路觅些些宜利。遗（遣）我子勾当家事。”

去时只道一年，三载不归宅李（里）。儿逆（忆）阿耶长（肠）段（断），步（布）琴悉（膝）上安智（置）。舜子府（抚）琴忠（中）间，门前有一老人立地。舜子即忙出门：“老人［万］福尊体。老人从何方而来？”老［人］保（报）［言］郎君：“昨从寮（辽）杨（阳）城来，今得阿耶画（书）信。”舜子走入宅门，跪拜阿孃四拜。后阿孃见舜子跪拜四拜，五读（毒）嗔心便岂（起）。“又不是时朝节日，又不是远来由（游）喜（戏）。政（正）午间跪拜四拜，学得甚媿（鬼）祸述（术）靡（魅）？”舜子叉手启阿孃：“阿耶暂到寮（辽）杨（阳），遣舜子勾当家事。去时即来一年，三载不归宅里。儿逆阿耶肠段（断），步（布）琴悉（膝）上安智（置）。舜子府（抚）琴忠（中）间，门前有个老人，昨从寮（辽）杨（阳）城来，今得阿耶书信。两拜助阿嬢寒温，两拜助阿嬢同喜。”

后阿嬢闻道苦（瞽）嗽（叟）到来，心里当时设计，高声唤言舜子：“实若是阿耶来，家里（里）苦无供备。阿嬢见后园果子非常，最好红桃先（鲜）味。我［子］若嘀（摘）得桃来，岂不是于家了事。”舜子问（闻）道摘桃，心里当时欢喜。舜子上树摘桃，阿嬢也到树底，解散自家头计（髻），拔取金叉（钗）手里，次（刺）破自家脚上，高声唤言舜子：“我子是孝顺之男，岂不下树与阿嬢看次（刺）。”舜子忽闻次（此）言，将为是真无为（伪）。舜子即忙下树……（S.4654到此为止）

房中卧地不起。不经三两□□，□□□□□（瞽）叟来至。瞽叟入到宅门，直到自家房□（里）。□□后妻向床上卧地不起。瞽叟问言娘子：“前后见我不归，得甚能欢能喜？今日见我归家，床上卧［地］不起。为复是邻里相争，为复天行时气？”后妻忽闻此言，满目摧（漼）摧（漼）下泪。“自从夫去辽阳，遣妾勾当家事。前家男女不孝，见妾后园摘桃，树下多里（埋）恶刺。刺我两脚成疮，疼痛直连心髓。当时便拟见官，我看夫妻之义。老夫若也不信，脚掌上见有脓水。见妾头黑面白，冀生猪狗之心。”

瞽叟唤言舜子：“阿耶暂到潦（辽）阳，遣子勾当家事。

缘甚于家不孝，阿孃上树摘桃，树下多埋恶刺。刺他两脚成疮，这个是阿谁不是？”舜子心自知之，恐伤母情。舜子与招伏罪过，又恐带累阿孃。“已身是儿，千重万过，一任阿耶鞭耻。”瞽叟忽闻此语，闻嗔具（且）不可嗔，闻喜且不可喜。高声唤言象儿：“与阿耶三条荊杖来，与打煞（杀）前家歌（哥）子。”［象］儿［闻］到取荊杖，走入阿孃房里，报云：“阿耶交儿取杖，打煞（杀）前家歌（哥）子。”后妻报言瞽叟：“男女罪过须打，更莫交分疏道理。”像（象）儿取得荊杖到来，数中拣一条粗物，约重三两便［下］是。把舜子头发，悬在中庭树地。从项决到脚（月秋），鲜血遍流洒地。瞽叟打舜子，感得百鸟自鸣，慈乌洒血不止。舜子是孝顺之男，上界帝释知委，化一老人，便往下界来至。方便与舜，犹如不打相似。舜即归来书堂里，先念《论语》《孝经》，后读《毛诗》《礼记》。（以上是 P. 2721）

以上情节略云：舜生母乐登[3]夫人死后，舜父瞽叟再娶后妻，不久去辽阳经商，三年不归。有一老人带瞽叟家信登门，知瞽叟即将归家。舜子闻之欢喜，即报后母。后母于是设计，乃以供应瞽叟为由，使舜上树摘桃，却自到树底，解开头髻，拔钗手刺己脚，要舜下树看伤。

S.4654 抄本到此而断。接下来 P.2721 抄本则云：瞽叟回来时，后母卧病在床，就向瞽叟诬告舜子，谓舜对自己心怀非礼。瞽叟闻之大怒，命象取杖，用以打舜。舜得上界帝释保佑，却安然无恙。至于两个抄本中间脱落的一段，其情节由前后内容不难猜测：即舜子下树看后母脚伤之际，后母趁机向舜子挑情，却遭舜子严拒，以至怀恨在心，恼羞成怒，才蓄谋诬陷舜子。

以上舜和后母的情节，可谓异想天开，令人绝倒，在历代有关舜子行孝故事当中堪称绝无仅有。而广西壮族师公戏《舜儿》中竟然存在类似的内容。

四、广西壮族师公戏《舜儿》中的后母故事

1992 年 3 月，笔者曾赴南宁参加由广西艺术研究所主办的广西傩戏国际学术研讨会，会上除讨论相关学术问题之外，亦有当地民众的实际表演，以作观摩。其中有广西贵港市东龙镇同闭村的壮族演出队所表演的传统师公戏《舜儿》（见图 1）。贵港市位于南宁东边约 16 千米的郁江沿岸，旧称“贵县”。今据研讨会上颁布的资料[4]，该剧大致情况如下：

《舜儿》（传统师公戏）

人物

瞍公：邓怀联饰　男　34 岁　壮族

舜儿：周喜入饰　男　20 岁　壮族

杨氏：黄秋菊饰　女　42 岁　壮族

舜妹：陈鸿芳饰　女　16 岁　壮族

乐队：陈耀务、陈超令、覃玉照、潘经辉、梁大东。

内容简介

此剧是师公戏初期阶段常演的一个剧目，属二十四孝故

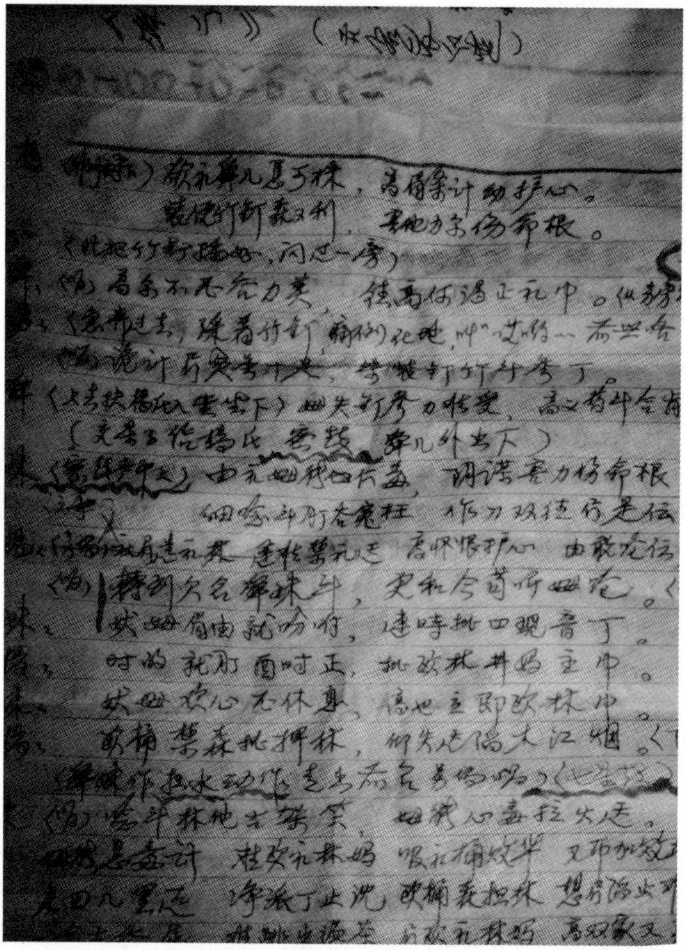

图 1 《壮族师公戏〈舜儿〉》手抄本（日本神奈川大学广田律子摄）

事中的一折，是丧事场合“跳客”活动必演的“小故事”。说的是叟公前妻早丧，留下一双儿女舜儿和舜妹，复娶后妻杨氏十分刻毒，千方百计欲害死舜儿。叫舜儿上树摘果给象儿吃，她便偷偷在树下装竹钉，谁知反钉了自己的脚；舜儿却连忙上山采药为后娘医脚。杨氏一计不成，又叫舜儿上屋顶执漏，她却将梯子拿走，并放起大火，要把舜儿烧死。谁知皇天有眼，下一场大雨把火淋熄，舜儿得救。后娘气极又生毒计，叫舜儿去挖井，舜儿得知后娘又要害自己，先挖了横窿藏身。后娘果然搬来青石板，把井口封死，皇天又派来黄龙破土，舜儿终于脱险。舜明知后娘心意，却不正面冲突，只是离家到历山垦地去了。好人总有好报，最后舜儿终于成了三皇五帝中的舜帝。

此剧被师公艺人称为“木面师”，是师公戏的最早阶段，在表演上沿袭了师公歌舞阶段的表演方法：演员戴木相，走的全是师公歌舞中的步法，音乐沿用传统的师公调，一腔到底，伴奏乐器是蜂鼓和锣，是师公戏初期阶段比较典型的用歌舞来表演故事的一种歌舞形式。

显而易见，此剧内容也基本上沿袭了《孟子》《史记》的格局，而杨氏叫舜儿上树摘果，在树下装竹钉要谋害舜儿，不小心反而钉了自己的脚这一情节，虽细节上有异，却与敦煌《舜子变》如出一辙。且《舜子变》中虽然没有出现舜妹，却在乐登夫人“妾有孤男孤女，留在儿婿手顶头”的说词中暗示着其存在。[5]这绝不可能是偶然所致，其间当有渊源关系。

笔者在该剧表演结束之后，特请后台乐师暂借所用剧本拍照，以便留存。今摘录相关部分如下：

杨：（出门东指果树）力莫廪红幼忐苟，不吞尤斗肯往名。

舜：（出来作上树动作，上去了。）

杨：（行到树下）欲礼舜儿怎可采，高眉条计幼护心。装便竹钉森又利，害他力尔伤命根。（忙把竹钉播好，闪过一旁。）

舜：高尔不至吞力莫，往高何渴正礼中。（从另旁跳下。）

杨：（急奔过去，踩着竹钉，痛倒在地，叫哎哟。）

（编按：剧本原稿为简化汉字）

上面唱词除一部分似用汉语外，基本上以用汉字标写壮语的方块壮字来撰写。所谓“方块壮字”，乃为用汉字以及援用汉字偏旁和六书原则所制造的拟汉字来表记壮语的一种书写方式，早在南宋范成大《桂海虞衡志》中已有相关记载，可见其具有悠远的历史。[6]笔者昧于此道，不明其义，所幸括号内的动作说明则用汉语，借此不难理解大致情节。另外，此唱词虽为壮语，却用七言为句，与敦煌变文、元明词话及明清弹词、鼓词等诗赞系（齐言体）说唱文学的唱词形式相吻合[7]，且以“名”“心”“中”字押韵，韵域较宽，又与元明词话等符合，不妨视其为诗赞系说唱文学的一脉。

师公戏《舜儿》和敦煌变文的关系到底如何？难道用《敦煌变文集》据以编剧的吗？

五、师公戏与军傩

“师公”乃民间道士的俗称，而其实际活动则与巫师一般无异。在广西地区，师公又称“尸公”，可见其宗教活动很可能与古代民间祭祀中“尸”的传统一脉相通。后来这些古代民间宗教渐受道教，尤其是天师道在湖南西部的一流派梅山教（又称“茅山教”）的影响，以至崇拜梅山教中最重要的神道即唐、葛、周“三元祖师”。

师公戏在广西南宁市郊外、以贵港市为中心的玉林地区，以来宾、武宣为中心的柳州地区的乡村广为流行[8]，主要是配合葬礼、祈雨、社祭等宗教仪式（当地称“法事”），由受戒的专业师公进行表演，贵港的师公们把这些“法事”上所演出的师公戏称为“跳客”。另外，师公有他们自己的组织，大约自清朝以后，按地区设有师馆，如贵港市东龙镇的全华堂师馆是乾隆年间（1736—1795）成立的。[9]东龙镇古达村的师公韦行诀所保存的《香山大乘殿内本师前传后教一派诸宗师位》记录有28代104名师公的名字[10]，如以一代20年来算，总共560年，可追溯到明代初期。其来源则当更早，或在宋元以前。

据目前师公所演出的种种宗教活动来推测，师公戏在其漫长的发展历史中，大约经过以下三个阶段。[11]第一个阶段尚未形成戏剧，只有戴面具的舞蹈附以单纯的歌谣。壮族师公所尊崇的神道除上述“三元祖师”之外，还有“土地”“灶王”“雷王”“鲁班先师”等来自汉族的外来神，也有“莫一大王”“甘王”等壮族固有的英雄神，总称“三十六神七十二相”。诸神都拥有各自的面具以及用第一人称讲述其神来历和伟绩的短歌，用资舞蹈，如“三元祖师”有“三元舞”，“土地”则有“扫坛舞”。此阶段可直接追溯到古代巫的活动。

到了第二个阶段，就在单纯歌舞的基础上，吸收着叙述长篇故事的说唱体式，乃形成讲述英雄一生故事的长篇史诗，以壮族英雄为主角的史诗《莫一大王》可视为其代表性作品。此变化究竟发生在何时，因文献不足，无法详考。只是从其中唱词所用形式属于七言句的诗赞系统这一事实来看，讲述内容虽为壮族特有，而其形式则无疑为由汉族输进去的。且鉴于此地区自古与中原一带交流密切（详后），输进时期最早可能在宋元，最晚也当在明代。舜儿故事之传入壮族，也应在这一阶段。

在最后阶段，戴面具的歌舞和长篇史诗互为结合，分配角色各为演唱，于是成为戏剧。据师公传承，其具体时间是清朝同治年间（1862—1874）。有人说，由太平天国所导致的师公宗教活动的衰退是这一戏剧化的背景。[12]师公戏成为戏剧以后，很快走向娱乐化，本来只由受戒师公担任的演出，也开始接受一般的艺徒，就这样渐渐脱离了宗教藩篱。到20世纪以后，有些演出已不再用面具，改为略加化妆，伴奏也引进西方乐器，舞台上也开始用背景及大小道具，甚至“文革”当中也演过《白毛女》等现代戏。[13]笔者所看师公戏《舜儿》虽然也戴面具，且唱词、动作是传统的，舞台上却用上背景及大道具。

前文已说明，师公戏《舜儿》的唱词主要用的是壮语，而其形式是七言句的诗赞系说唱体，与敦煌变文的主要作品相同（《舜子变》是俗赋体，而不是诗赞体，当视为变文中的例外）。且舜的故事本身当属北方中原地带的，后来传到广西被壮族吸收，才成为壮族师公戏。壮族“三十六神七十二相”不包括舜，可见舜并不是壮族的信仰对象，只不过是戏剧的题材。壮族师公戏的剧本有汉文本和壮语方块字本之别[14]，今《舜儿》虽只有方块字本，当初似应也有汉字本。

思考这些北方故事在何时、通过什么渠道流传到广西的问题时，提供重要线索的便是自古以来接连不断从北徙南的移民，尤其是北方派来广西驻扎的军队。军队的移动可视为具有规模的组织性移住，且自古以来军中例有军乐艺人，往往带有传播戏剧、曲艺的媒介功能。[15]早在南北朝时期，北方流行的歌舞远传到此地，由新中国成立后在贵县（今贵港市）与北周静帝大定年（581）的铜钱同时出土的带有男女舞姿浮雕的陶器得到证实。[16]至唐初，名将李靖远征至此。清嘉庆七年（1802）刊《临桂县志》云：

> 今乡人傩，率于十月用巫者为之跳神，其神数十辈，以令公（即唐初卫国公李靖，曾率军征服岭南）为最贵。戴假面，着衣甲，婆娑而舞，伧伫而歌，为迎送神词，具有楚辞之遗，第鄙俚耳。其假面皆土人所制，以木不以纸，雕镂有极精者。[17]

今桂林市仍有令公祠，供奉李靖为神，其神舞蹈时，戴三层面具，随情节发展递卸一层，可扮为三种不同形象。[18]其制作之精妙，堪称中国面具之冠。

至唐咸通年间（860—874），驻扎在桂林、来自徐州的军队中乃有傀儡戏的艺人。《新唐书》卷114《崔彦曾传》云：

> 彦曾，咸通初，繇太仆卿为徐州观察使。晓律令，然下急为政刚猛，徐军素骄，而彦曾长于抚民，短治军，士多怨之。初蛮寇五管，陷交趾。诏节度使孟球募兵三千往屯，以八百人戍桂林。旧制三年一更，至期请代，而彦曾亲吏尹戡、徐行俭，贪不恤士，乃议禀赐乏，请无发兵。复留屯一年，戍者怒，杀都将王仲甫，胁粮料判官庞勋为将，取库兵剽湘衡，虏丁壮，合众千余北还。自浙西趋淮南，达泗口。所过先遣俳儿弄木偶，伺人情，以防邀遏。[19]

由此可知，当时从北方到桂林驻军当中有“弄木偶”的“俳儿”，再据此类推，不难想象当时军队例有艺人从事于提供军中娱乐。

宋初名将狄青也曾远征到广西。据《宋史》卷 290，他对敌西夏时，曾“披发戴铜面具，出入贼中，皆披靡莫敢当”，其军中亦或有戴面具的艺人。目前南宁市郊外上尧乡、田东、蔗园等地的农民都传承用汉语方言之一的平话所表演的师公戏，而他们自称祖先在狄青远征时自山东白马县从军至此。[20]（按，白马县在河南，不在山东）

宋代也有不少有关桂林傩戏及其面具的资料。今兹移录如下：

> 桂林傩队，自承平时名闻京师，曰静江诸军傩。而所在坊巷村落，又自有百姓傩。严身之具甚饰，进退言语咸有可观，视中州装队仗似优也。推其所以然，盖桂人善制戏面，佳者一直万钱，他州贵之，如此宜其闻矣。（周去非《岭外

代答·桂林傩》）

桂林人以木刻人面，穷极工巧，一枚或直万钱。（范成大《桂海虞衡志·志器·戏面》）

政和中大傩，下桂府进面具，比进到称一副。初讶其少，乃是以八百枚为一副，老少妍陋无一相似者，乃大惊。至今桂府作此者皆致富，天下及外夷皆不能及。（陆游《老学庵笔记》卷1）

据以上记录可知，当时桂林傩队有军傩与百姓傩之分，而其军傩当由来自北方的军队所引进；百姓傩则可能由军傩衍生。《宋史》卷196《兵志·屯戍之制》云：“凡戍更有程。京东西、河北、河东、陕西、江淮、两浙、荊湖、川峡、广南东路三年，广南西路二年。”由此可知驻扎桂林一带广南西路的屯戍交替期为两年，比别处少一年，可见此地与北方的交流尤为频繁。至于桂林之傩何以“名闻京师”，“天下及外夷皆不能及”，极其鼎盛，除北方影响之外，似应考虑当地少数民族的传统。居住在广西的少数民族素来以爱好歌舞出名，后来出现了山歌之祖刘三姐；另外，此地自古以来巫风极盛，这些都是促进当地傩文化繁荣的客观条件。

总而言之，广西傩风之盛，应该是汉族文化和少数民族文化互相融合的结果。壮族师公戏至今仍保存汉族的舜儿故事，究其原因，也应在此。而其传入广西的管道，恐怕与上述历代军队屯戍及军中艺人所带来的军傩有关，只因无文献可考，其具体时间和情况就无以考究了。

六、舜故事的原型

前文说明敦煌《舜子变》和广西壮族师公戏《舜儿》之间的相同故事，并提出北方移民，尤其是移屯军队把这一故事传到广西的假定。倘若此说可成立，不妨就此进一步推定，以往被认为只见于敦煌变文的以上情节，其实在北方曾经广为流行。如果此故事只局限于敦煌一地的话，那么，传到广西的可能性应该微乎其微。这又牵涉敦煌变文所反映的内容究竟是敦煌地域性抑或普遍性质的定位问题。就上面舜和后母的情节而言，有些迹象可以证明这一故事似曾颇为广泛地流行过。

舜的故事到唐代似乎已有种种异说。除《舜子变》之外，如陆龟蒙《杂说五首》其一云：

> 先儒曰：瞽叟憎舜，使涂廪，浚井，酖于觞酒，欲从而杀之。舜谋于二女，二女教之以鸟工、龙工、药浴、注豕而后免矣。[21]

据知当时传说当中，瞽叟谋害舜的方法，除涂廪、浚井之外，还有毒杀一途，且似亦有鸟龙救危、药浴解毒等情节。陆龟蒙另有《象耕鸟耘辩》一文[22]，介绍大象替舜耕田这个后来由《二十四孝》记载而广为人知的故事。

明代周游所编《开辟衍释通俗志传》第 43 回《大舜躬耕于历山》有以下记述：

> 母握登早丧，瞽叟继娶后妻，名曰壬女，又生一子，名

曰象。象下愚不移，继母溺爱己子，欲害前子，往往不能，无可奈何。一日舜同弟象出耕，象偶失足跌在田水中，舜负之归家。母见象衣皆湿，象告曰："失足跌倒所湿。"后母候父回唆之时，告瞽叟："今日同象出耕，推象水中，几欲害死。他意独占家财。"瞽叟大怒，唤舜询之。舜曰："弟自失足跌倒，非舜之过。"父不信，杖之。舜惟吞声隐忍也。瞽叟不明，每听后妻之言，溺爱于后子，欲至（致）舜于死地。

一日瞽叟夫妻，商议欲陷舜于古井。后妻故出至言，踌躇设计，陷舜死地。故将头上金钗堕下井中，忙呼舜曰："我失一股金钗于井中，喜得井中无水，汝可下去拾起，即以与汝，勿可惜了。"舜并不辞，即下井去拾之。后母、瞽叟、象三人见舜下井，上面各将砖石以塞井口，自料此回绐舜，必死无疑，各各大喜回家。岂知舜之孝心，感动天地。古云举心动念，鬼神皆知，况王者不死。有当方土地早知其事，预先分付一青面狐，于井中掘开一路，直至山前。彼时狐见舜到井下，即向前引舜至路。[23]

以上情节如与敦煌《舜子变》相比，可发现后母用金钗作为谋害舜的手段，虽设定有异，一为上树，一为下井，却大致吻合，且《舜子变》中后母伤脚的情节似乎也转移到象的失足跌倒。由此尚可依稀辨认唐代《舜子变》的故事到明代仍为流传乃至变形的痕迹。

附带说明：唐代敦煌变文和明代文献之中往往有偶合的现象，如《前汉刘家太子传》的内容见于明代《全汉志传》等演史小说中；

再如敦煌《孔子项托相问书》和明代通俗类书中的《小儿论》《小儿难孔子》的内容基本相同。此例不鲜，值得注意。

另外还有一点值得一提，上面提到的《舜子变》《舜儿》及《杂说》《开辟衍释通俗志传》中，后母或瞽叟迫害舜的方法虽稍异，其次数却都是三次（《开辟衍释通俗志传》在象掉水、下井情节后仍有上仓一节，把下井和上仓颠倒过来）。世界各地的神话、传说、民间故事当中英雄人物克服三种不同的危机，其例颇多，学者把它叫作“三重化”（triplication, trebling），亦为民间故事的普遍形式之一。[24] 舜的故事既然来源于中国古代民间传说，那么，它的原型是否也是三重化即舜遇到三种困难的故事？倘若如此，《孟子》和《史记》的有关记载虽然年代甚古且具有经典性质，恐怕已不是故事的原型，而是有选择性的改变。这一说法自是大胆假设，只可惜没有文献资料可供小心求证。

七、结语

敦煌《舜子变》中有关舜子和后母的情节是否在古代舜传说的原型中已有之抑或后来所添加，今已不得而知。尽管如此，至唐以后，这一情节除在明代小说中留下蛛丝马迹，及在当代广西壮族师公戏中有类似故事之外，几同绝迹。究其原因，应在于后母散开头髻、用金钗手刺己脚、后来诬告舜子说“见妾头黑面白，冀生猪狗之心”等情节在在暗示着舜和后母的性爱关系。后母为了谋害舜子，竟然自毁身体，既不需要，又不合情理。而此正犯了儒家礼教的大忌，为一般伦理道德所不容。舜子虽严拒后母的挑情，清白保身，依然尽孝，但是在有关圣人舜的故事中提到如此伤风败俗的话题，显然是不妥当的。

虽然如此，这种母子的性爱关系，又为人类普遍潜在心理之反映，因而成为古代神话、传说中的重要因素，也是不可否认的事实，所谓“恋母情结”（Oedipus complex）就是。而后母和继子的关系比之母子关系，其禁忌程度较淡，因此，更容易成为传说、故事的题材。在中国，下面伯奇的故事也应是其中之一。

> 列女传曰：尹吉甫子伯奇至孝，事后母。母取蜂去毒，系于衣上。伯奇前欲去之，母便大呼曰：“伯奇扑我。”吉甫见疑，伯奇自死。（《太平御览》卷950《虫豸部七·蜂》）

此伯奇故事与《舜子变》有关后母情节，可谓异曲同工。白居易《读史五首》其四“掇蜂杀爱子”（《白氏文集》卷2）等以此为典的历代诗文之例不少，可见其普遍性。由此而推，《孟子》和《史记》中迫害舜的主体为瞽叟和弟象而不是后母，是否为原型，也似可重新思考。

本文重点介绍广西壮族师公戏《舜儿》与敦煌变文《舜子变》中相同的情节，并探讨其原委及背景，最后就此提出大胆假设。唯笔者所知有限，错谬之见在所难免，不足之处，祈读者加以指正。

注释

[1] P.2721抄本尾题作《舜子至孝变文》。

［2］王重民，等编．敦煌变文集（卷2）．北京：人民文学出版社，1957；潘重规．敦煌变文集新书（卷6）．台北："中国文化大学中文研究所"，1984；黄征、张涌泉校．敦煌变文校注（卷2）．北京：中华书局，1997。文中小括号内为校订字，中括号内为脱字臆补，□表示漫漶不清字。

［3］《史记》卷1《五帝本纪》："名曰重华。正义：瞽叟姓妫，妻曰握登，见大虹意感而生舜于姚墟，故姓姚。"同上："舜母死。索隐：皇甫谧云：舜母名握登，生舜于姚墟，因姓姚氏也。"此"乐登"即"握登"之讹。

［4］即《广西贵港市东龙镇同闭村演出队为广西傩戏国际学术研讨会演出曲（剧）目安排及内容简介》（1992年3月28日）。其他演出剧目为《招兵》《阴阳师父》《调瘟船》。

［5］《史记》卷1《五帝本纪》："尧二女不敢以贵骄事舜亲戚。正义：亲戚谓父瞽叟、后母、弟象、妹颗手等也。"可见舜有妹子之说早已有之。

［6］《桂海虞衡志·杂志·俗字》："边远俗陋，牒诉券约用土俗书，桂林诸邑皆然。今姑记临桂数字，虽甚鄙野，而偏傍亦有依附。"关于壮语方块字，可参看韦庆稳，覃国生．壮语简志．北京：民族出版社，1980；李方桂．武鸣土语．台北："中央研究院历史语言研究所"，1956，单刊甲种39；古壮语字典．南宁：广西民族出版社，1989。

［7］关于诗赞系说唱文学，可参看金文京．诗赞系文学试论//中国，社会と文化（第7号）．东京：东京大学中国社会文化学会，1992。

［8］碧海．壮族师公戏起源新探//桂海艺丛（第3辑），南宁：广西艺术研究所，1988；蒙光朝．论广西壮族傩戏//民族艺术，1992（26）；

莫社光，梁丽容．从师公到师公戏（同上）；丁世博，陈丽梅．从传统剧目看傩与师公戏的渊源关系（同上）；顾乐真．从古傩到师公戏//甘苦集．南宁：广西人民出版社，1990；郭秀芝．广西师公戏与中原傩文化的关系//民俗曲艺（卷 70）．台北：财团法人施合郑民俗文化基金会，1991。

[9][10][13][14]莫社光，梁丽容．从师公到师公戏．民族艺术，1992（1）。

[11]蒙光朝．论广西壮族傩戏．民族艺术，1992（1）。

[12][18]顾乐真．广西傩面具的演变．戏剧艺术，1990（3）。

[15]金文京．戏考——中国における艺能と军队//未名．神户：中文研究会，1989：8。

[16]碧海．壮族师公戏起源新探//广西傩文化论集．北京：文化艺术出版社，1990：48。

[17]顾乐真．从古傩到师公戏．民族艺术，1986（2）。

[19]《旧唐书》(卷 177)亦相同。参看顾乐真．桂林戍卒"弄傀儡"//甘苦集．南宁：广西人民出版社，1990：169~172。

[20]丁世博，陈丽梅．从传统剧目看傩与师公戏的渊源关系．民族艺术，1992（1）。笔者参加广西研讨会时，也曾从上尧村农民口中听到同样的传说。

[21][22]唐甫里先生文集（四部丛刊本）（卷 19），又见于《全唐文》（卷 801）、《唐文粹》（卷 47）。

[23]古吴麟瑞堂刊本。此书藏于中国国家图书馆、上海图书馆、北大图书馆、台湾"国家图书馆"等多处，台湾天一出版社《明清善本小说丛刊》第 11 辑有影印。因影印本此处漫漶不清，兹用京都大学人文

科学研究所藏本移录。

［24］参看 *A Dictionary of Narratology*. Gerald Prince. Univ. of Nebraska Press，1987；远藤健一，译 . 物语论辞典 . 京都：松柏社，1997：203。

丝绸之路上的粟特商人与粟特文化

荣新江

一、粟特人及其在丝路上的聚落

粟特人，在中国史籍中又被称为“昭武九姓”“九姓胡”“杂种胡”“粟特胡”等。从人种上来说，他们是属于伊朗系统的中亚古族；从语言上来说，他们是操印欧语系伊朗语族中的东伊朗语的一支，即粟特语（Sogdian），文字则使用阿拉美文的一种变体，现通称“粟特文”。粟特人的本土位于中亚阿姆河和锡尔河之间的泽拉夫珊河流域，即西方古典文献所说的粟特地区（Sogdiana，音译“索格底亚那”），其主要分布范围在今乌兹别克斯坦，还有部分在塔吉克斯坦和吉尔吉斯斯坦。在粟特地区的大大小小的绿洲上，分布着一个个大小不同的城邦国家，其中以撒马尔罕（Samarkand）为中心的康国最大，常常是粟特各城邦国家的代表。此外，以布哈拉（Bukhara）为中心的安国，也是相对较大的粟特王国。还有位于苏对沙那（Sutrushana / Ushrusana）的东曹国、劫布坦那（Kaputana）的曹国、瑟底痕（Ishitikhan）的西曹国、弭秣贺（Maymurgh）的米国、屈霜你迦（Kushanika）的何国、羯霜那（Kashana）的史国、赭时（Chach）的石国等，不同时期，或有分合，中国史籍称他们为“昭武九姓”，其实有时候不止九个国家。[1]

中古时期，粟特人以经商著称，“利之所在，无远弗至”。从 3 世纪到 10 世纪，大批经商的粟特人进入中国，在丝绸之路沿线的城镇周围或城市中间，形成一连串的粟特聚落或聚居区，其中也包括随之而来的其他中亚居民，如吐火罗人、焉耆人、突厥人等。笔者曾经汇集中国史书、各地出土的汉语和伊朗语文书、汉文石刻材料，描绘出沿塔里木盆地，经河西走廊，到唐朝的都城长安或东都洛阳以及山西、河北直到东北营州地区的粟特聚落的分布情况。把这些胡人聚落串联在一起，实际上可以清晰地勾勒出一条粟特人东行所走的丝绸之路，这条道路从西域北道的据史德（今新疆巴楚东）、龟兹（库车）、焉耆、高昌（吐鲁番）、伊州（哈密），或是从南道的于阗（和田）、且末、石城镇（鄯善），进入河西走廊，经敦煌、酒泉、张掖、武威，再东南经原州（固原），入长安（西安）、洛阳，或东北向灵州（灵武西南）、并州（太原）、云州（大同东）乃至幽州（北京）、营州（朝阳），或者从洛阳经卫州（汲县）、相州（安阳）、魏州（大名北）、邢州（邢台）、定州（定县）、幽州（北京）可以到营州。[2]

二、萨宝——粟特商队首领和聚落首领

文献记载粟特聚落的首领是“萨宝”，此词来源于粟特文的 s’rtp’w，汉文音译为“萨宝”“萨保”“萨甫”等，本意是指“商

队首领”，意译就是“首领”，延伸的意思为商队所形成的聚落上的政教兼理的胡人大首领，由于大多数早期东来的粟特人信奉的是粟特传统的琐罗亚斯德教（中国称之为“祆教”“拜火教”），所以聚落中往往立有祆祠，萨宝也就成为粟特聚落中的政教大首领。[3]

聚落来源于商队，中古时期陆上丝绸之路的商队，因为要在克服自然环境所带来的困难的同时，还要防止土匪的打劫，所以往往动辄数百人一道行动，一同居止，佛经中有五百商人遇盗图，虽然不是确切的数字，但反映的就是这种数百人一起行动的情况。

从敦煌发现的粟特文古信札来看，4 世纪初叶进入河西走廊的粟特人，就是由萨宝统领的，在这些粟特商队（见图 1）所形成的聚落中，有他们供奉的祆祠，管理者为萨宝手下的祆祠主。[4] 在中原，萨宝作为一种中原王朝中央或地方官府、地方王国的职官，应当出现在 6 世纪前半期的北魏时期。

把胡人聚落首领任命为政府官员，并用其原语的称呼——“萨宝”来作为官名，即表明北魏王朝开始对胡人聚落加以控制，同时以继续任用胡人聚落首领的方式，保持了聚落的自治性质，萨保既是胡人首领，又成为中央或地方政府的官员。萨宝被纳入中国传统的官僚体系当中，萨宝成为一级职官，作为流外官，专门授予胡人首领，并设立萨宝府，其中设有萨宝府祆正、萨宝府祆祝、萨宝府长史、萨宝府果毅、萨宝府率、萨宝府史等官吏，来控制胡人聚落，管理聚落的行政和宗教事务。从史籍和墓志辑录的材料来看，从北魏开始，中原王朝就在都城洛阳设京师萨保，而在各地设州一级的萨宝，雍州、凉州、甘州等地均有萨宝的称号。以后西魏北周、东魏北齐都继承了此制度。北齐有京邑萨甫、

图 1　安伽墓图像所见粟特商队

诸州萨甫。北周有京师萨宝。墓志材料中还有凉州、酒泉、同州、并州、代州、介州等州一级的萨宝，如新发现的史君墓主人是凉州萨宝，安伽是同州萨宝，还有中央政府派出的检校萨宝府的官员，如虞弘。隋代有雍州（京师）萨宝和诸州萨宝。唐朝建立后，把正式州县中的胡人聚落改作乡里，如西州的胡人聚落被设为崇化乡安乐里，敦煌则以粟特聚落建立从化乡，两京地区城镇中的胡人同样不会以聚落的形式存在，但边境地区，如六胡州、营州柳城等地的胡人聚落应当继续存在，因此萨宝府制度并未终结，《通典·职官典》以及其他史料仍有萨宝府职官的记录，事实上，北朝隋唐的中央政府对粟特聚落的控制是一个漫长的过程。

在中央或地方政府势力所不及的地方，胡人聚落中的萨宝虽然存在，却没有作为官职出现，史料中提到这类胡人聚落的首领时，往往就用“首领”或“大首领”来称呼。敦煌写本《沙州伊州地志》“石城镇”条云：“贞观中（627—649），康国大首领康艳典东来，居此城，胡人随之，因成聚落，亦曰典合城。”[5]同书“伊州”条记载：“隋末，复没于胡。贞观四年（630），首领石万年率七城来降。”[6]若是占据了某个城镇，则也有称作“城主”的，如唐高宗与武则天乾陵蕃王石像题名有“播仙城□（主）河（何）伏帝延”[7]。

三、粟特人的商业活动

目前所见最早的有关粟特商人在中国活动的记录，是斯坦因（A. Stein）在敦煌西北长城烽隧下面发现的粟特文古信札。这是一组住在武威、敦煌的粟特商人写给家乡撒马尔罕或西域楼兰等地的粟特商人的信件，不知何故被送信的使者遗失在那里。经过学者的解读，我们得知这是于 4 世纪初叶写成的，主要内容是报告粟特商人以凉州武威为大本营，派出商人前往洛阳、邺城、金城（兰州）、敦煌等地从事贸易活动，因为晋末中原的动乱，致使经商的粟特人也蒙受打击这一情况，通过信札所述内容，我们还了解到他们的行踪之远以及经营的货物品种——香料、布匹等。[8]

粟特人经过长时间的经营，在撒马尔罕和长安之间，甚至远到中国东北边境地带，逐渐形成了自己的贸易网络，在这个贸易网络的交汇点上，建立起殖民聚落，作为他们东西贸易的中转站。吐鲁番出土的高昌国时期的《高昌内藏奏得称价钱账》（见图 2），就反映了在高昌地区进行贵金属、香料等贸易的双方，基本都是粟特人。[9]也就是说，从西方来的粟特商人把大宗货物运载到高昌，由高昌的粟特商人买下来，再分散或整批运至河西或中原地区兴贩。辛姆斯 · 威廉姆斯（N. Sims-Williams）教授曾据印度河上游中巴友好公路巴基斯坦一侧发现的粟特文摩崖题记，指出粟特人不仅仅是粟特与中国之间贸易的担当者，也是中国与印度之间贸易的担当者。[10]结合吐鲁番阿斯塔那古墓发现的粟特文买卖突厥地区女婢的契约（见图 3）[11]，我们也可以说，粟特人还是中国与北方游牧民族之间贸易的担当者[12]，即如姜伯勤教授所强调的那样，粟特人实际上是中古时期丝绸之路上的贸易担当者。大概正是因为从北朝到隋唐，陆上丝绸之路的贸易几乎被粟特人垄断，所以我们在史籍中很少看到波斯商人的足迹，现代舞剧《丝路花雨》所描写的丝绸之路上的波斯商人，在唐朝时期更多是活

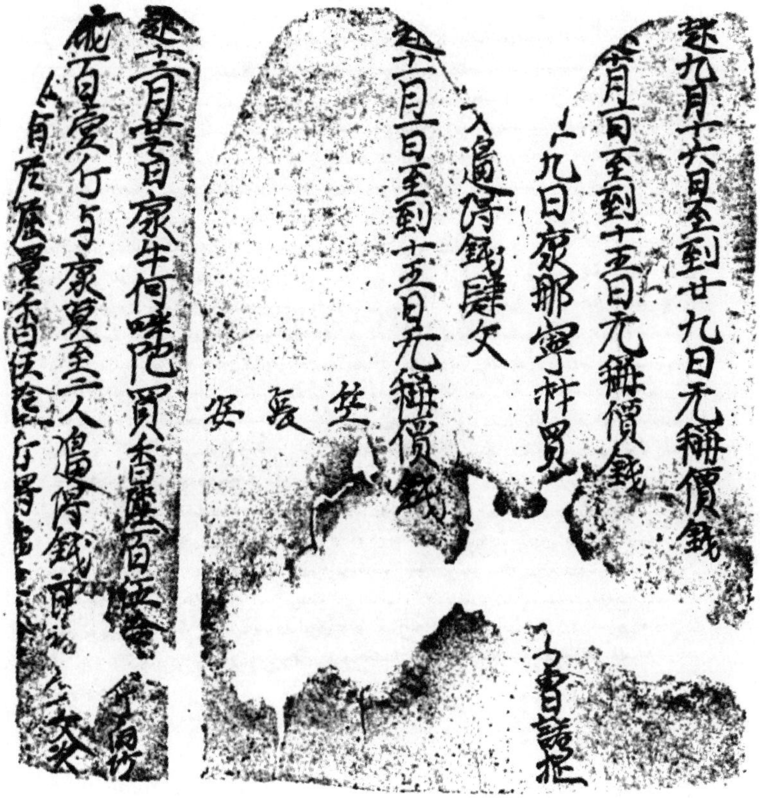

图2 吐鲁番出土的称价钱文书

跃在东南沿海，而非在敦煌、吐鲁番。在北方丝路沿线发现的大量的波斯银币和少量的罗马金币，应当是粟特人贸易的印证，而不是钱币源出国的波斯人和拜占庭人。[13]

四、粟特考古新发现

虽然敦煌、吐鲁番发现的大量汉文和粟特文文书，使我们对

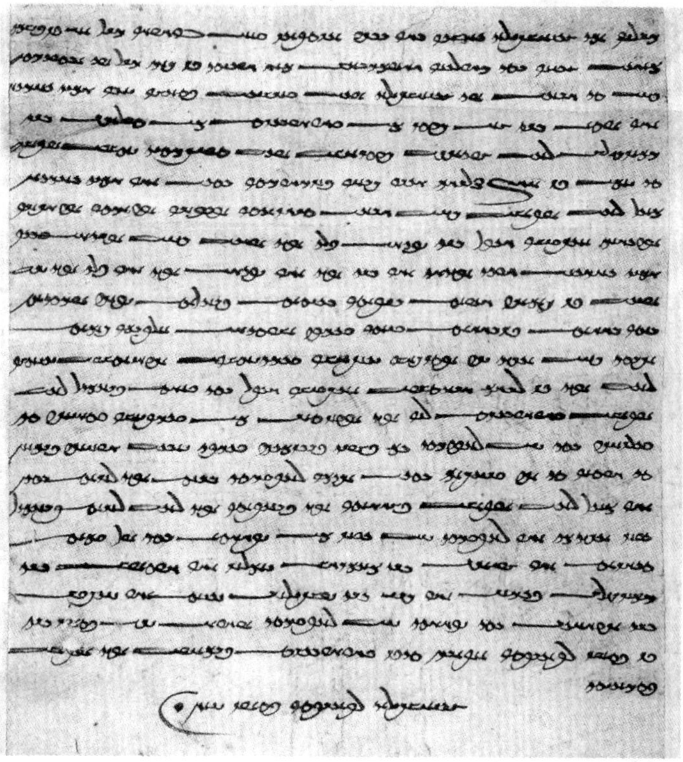

图 3　吐鲁番出土的粟特文买卖女婢契约

于敦煌、吐鲁番两地的粟特人的了解较其他地区要详细得多，但敦煌、吐鲁番文书所反映的情况，主要是粟特人集中在某一乡里的情况，也就是唐朝中央政府把原本属于粟特聚落的粟特民众编入唐朝地方行政管理体制内的乡里以后的情况。唐代墓志和其他考古资料所反映的武威、固原等地的粟特人，也大多数是这种情形，即粟特人已经完全按照汉式的葬法埋葬，并书写与汉人相同的墓志铭。但是，北朝隋唐时期没有被中央或地方政府（如高昌王国）所控制的粟特聚落及其文化面貌，我们过去不甚了解。

1999 年 7 月在山西太原发现的虞弘墓和 2000 年 5 月在陕西西安发现的安伽墓（见图 4），是迄今为止中国发现的有关中亚人或粟特人的最重要的墓葬。据墓志记载，虞弘是鱼国人。鱼国在史籍中没有记载，从他祖上和他本人原是中亚柔然帝国的官员来看，鱼国是中亚的一个国家。虞弘出使过波斯、吐谷浑等地，后进入中原王朝，担任太原等三个州的“检校萨宝府”官职，即中央政府派驻太原管理胡人聚落者，死于隋开皇十二年（592）。[14]安伽从他的姓氏来看，显然是来自中亚安国（Bukhara）的粟特人，北周时任同州（陕西大荔）萨保，即中央政府任命的同州地区的胡人聚落首领，死于大象元年（579）。[15]这两个墓葬不仅是目前中国发现的有确切纪年的中亚人或粟特人的最早墓葬，而且两

图 4　安伽墓门楣上的祆教图像

个石棺上的雕像具有明显的粟特美术特征，其宗教内涵引起学者的高度重视。这两座墓葬的发现，使得一些已经出土而分散在各处的同类石棺床也得到了重新的认识，这些石棺床包括：20 世纪初出土、现分散藏在巴黎、科隆、波士顿、华盛顿的一套[16]，1971 年山东益都发现的一套（573）[17]，1982 年甘肃天水发现的一套[18]以及近年收藏在日本美秀美术馆（Miho Museum）的一套[19]。这些石棺床上的图像在文化属性上基本一致，年代大体上都在北朝末到唐朝初年的范围内，地域范围包括甘肃、陕西、山西、河南、山东，大致与笔者依据文献材料所勾勒的北朝末至唐初粟特人的迁徙路线相合。

这些石棺上所镌刻的图像有许多惊人的相似之处，大多数具有明显的粟特美术特征，有些具有浓重的祆教色彩。这些石棺的主人，有的是粟特聚落首领，有的是管理粟特聚落的官员。可以说，这一系列石棺床可能是当时粟特及其他伊朗胡人聚落首领的主要墓葬形式，反映了萨保统治粟特聚落时期的聚落内部的日常生活形态。[20]当然，作为来源于生活的艺术作品，不一定与生活场景完全一样，这些作品往往高于生活，即选取生活中的共同因素来表现，或者选取超出生活的一些特异点来表现生活。在这些石棺床中，以安伽墓的图像最有生活气息，但其中也有一些程式化的东西。

五、粟特聚落的日常生活与宗教文化

根据这些石棺床的图像，对比汉文史料和敦煌吐鲁番文书、墓志的记载，我们可以形象地展现粟特聚落内部许多真实的日常生活以及他们的宗教文化信仰情况。

文献记载粟特聚落的首领是萨保，安伽就是萨宝，北朝后期，中央政府开始控制胡人聚落，除设立萨宝府，任命胡人首领为正式萨宝外，还派人（往往也是胡人）去管理萨宝府，虞弘担任的就是这种角色。安伽墓的每一个图像有一个主人公模样的人，就是萨保。他被绘在中间的一块石板上，坐在房子里与夫人宴饮，右边的上部是他接见突厥首领的情形，下面是突厥和粟特人在结盟的样子。图像中有萨宝会见粟特、突厥、汉族客人的情况，或者有突厥、波斯、印度各国王狩猎的情景，这正是萨宝在聚落中接待四方宾客的现实生活写照。安伽墓的图像，非常形象地展现了萨宝在粟特聚落中的地位以及他宴饮、狩猎、会客、出访等日常生活场景。

这些石棺图像几乎全都是胡人形象，除了作为萨保的客人或狩猎的各国王者之外，普通人也都是深目高鼻，有的鬈发，有的短发，都穿胡服，这说明聚落中没有汉人。但从不同的胡人形象看，聚落中应当以粟特商胡最多，但也有其他西域胡人。自从20世纪初，伯希和（P. Pelliot）依据敦煌文书，把罗布泊地区粟特人的移民集团称作“粟特聚落”以后[21]，大家都把所谓“粟特聚落”理解为纯由粟特人组成的。现在我们发现北朝末至唐初太原胡人聚落中，有可能来自游牧汗国高车的翟娑摩诃出任大萨保，也有出身塔里木盆地北沿焉耆的龙润出任萨宝府长史。因此，我们应当说“粟特聚落”实际是以粟特人为主的西域胡人聚落。所以在这些胡人聚落中，我们看到的最常见的日常生活，既有受北方游牧民族影响的狩猎，更多的则是粟特人喜欢的歌舞，还有粟特人所擅长的葡萄种植和葡萄酒酿造。图像资料中几乎没有农业劳动的场景，这似乎说明在粟特聚落中，农业尚没有发展起来。

在这些石棺图像的中间位置，都有墓主人夫妇宴饮图。男主人都有明显的胡人特征，安伽墓的女主人的种族特征则不明显。从粟特人的墓志和其他文献记载中可以看出，早期来中国的粟特人，大都与胡人通婚，这是因为他们生活在自治的聚落里，和汉人往来不多，所以主要是内部通婚。但这些女性常常穿着中国式的长裙，表明粟特人对中国文化的喜爱，而从以后粟特人的墓志来看，粟特人越来越多地和汉族女子结婚。然而，在这些早期的粟特石棺床图像上，还看不到典型的中国日常生活的场景。

粟特人按照祆教的习惯，采用瓮棺[22]的埋葬方式。汉族人的丧葬习俗是把尸体装入棺椁后土葬的，粟特人进入中原后，也逐渐改用土葬，已经发现的大量的粟特人墓葬采用的便是土葬，和汉人的基本没有区别。但安伽墓和虞弘墓则有所不同，前者只有一个围屏石榻，后者只有石椁，都没有装尸体的棺，我们笼统地称为“石棺床”，实际上和中原传统的石棺不同。特别是安伽的尸骨是放在墓门外面的，而且经过了焚烧。虞弘墓经过古人（唐代）的盗扰，情况不明。从安伽墓来看，它明显受到了祆教葬俗的影响。这种既不是中国传统做法，也不是粟特本土形式的葬式，应当是入华粟特人糅合中原土洞墓结构、汉式石棺以及粟特浮雕骨瓮的结果。至于粟特人的葬仪，美秀美术馆所藏的一个石板是一幅完整的的葬仪图：上面是戴口罩的祆教祭司正维持圣火，主持葬仪，他身后则有四人持刀剺面，上下是送丧的人群和马队，中间有一条正在“犬视”的小狗。[23]我们可把山东益都发现的石棺床的一块石板看作美秀美术馆所藏送葬图的延续，上面刻有四匹马架着一个石棺或木棺，由一人牵行，下面还有一条小狗跟着，画面上方表示远处是群山，山中有一所房子，像是一个坟上的建筑物。

从有关敦煌、吐鲁番等地的胡人聚落记载中，我们已了解到聚落中往往有胡人信奉的祆教祭祀中心——祆祠。这说明这种粟特胡人主要信奉的宗教，是波斯传统的宗教信仰——琐罗亚斯德教的粟特变体，这一点也为斯坦因在敦煌长城烽燧下获得的 4 世纪所写粟特文古信札所证实。这些石棺床图像更进一步肯定了粟特聚落中胡人的祆教信仰。在安伽墓墓门的门额上，刻画着三只骆驼支撑的火坛，两旁是半鸟半人形的祭师，下面是典型的粟特供养人，上有飞天，各持箜篌和琵琶。骆驼代表“胜利之神”，所以这是一个高等级的火坛形象。虞弘墓的石棺下面的床座上，也有火坛浮雕，两边也是半鸟半人形的祭师。此外，美秀美术馆所藏石棺床的祆教女神形象和祆教葬仪，都表明粟特聚落是以祆教为主要宗教信仰的，他们的宗教生活乃至一些日常生活，都是遵循着祆教的仪式的。

粟特人大体上沿着丝绸之路的主干道，在草原游牧汗国和中原王朝之间的夹缝中逐渐东迁，建立聚落。在 3 世纪到 10 世纪丝绸之路沿线不断变化的政治背景下，粟特聚落必然打上多种文化色彩。在日常生活方面，我们可以看到粟特人在主要延续粟特文化的同时，杂糅了波斯的伊朗文化、北方游牧民族和西域其他胡人的文化。在精神文化方面，粟特人继续坚持粟特人的祆教信仰，同时在物质文化方面越来越多地接受中国文化的影响。

可以说，粟特聚落的日常生活，反映了粟特人作为丝路民族的特征，粟特人的聚落中也汇聚了多种文化，粟特人把它们带到东方，带到中国。正如我们说粟特人是中古时期丝绸之路上各国间贸易的担当者一样，他们其实也是各种文化进行交流的传递者。

注释

[1] 关于粟特王国的古地今名，参考张广达为《大唐西域记校注》（中华书局，1985 年版）所写的相关条目。粟特历史，则请参考《中亚文明史》（中国对外翻译出版公司，联合国教科文组织，2002—2003 年版）相关章节。

[2] 荣新江 . 北朝隋唐粟特人之迁徙及其聚落//国学研究（第 6 卷）. 北京：北京大学出版社，1999：27~85.

[3] [日] 吉田丰 . ソグド语杂录（II）//オリエント（卷 31）. 1989（2）：168~171；姜伯勤 . 论高昌胡天与敦煌祆寺//世界宗教研究 . 1993（1）：2~5；荣新江 . 萨保与萨薄：北朝隋唐胡人聚落首领问题的争论与辨析//叶奕良，编 . 伊朗学在中国论文集（第 3 集）. 北京：北京大学出版社，2003：128~143。

[4] 荣新江 . 祆教初传中国年代考//国学研究（第 3 卷）. 北京：北京大学出版社，1995：341。

[5] [日] 池田温 . 沙州图经略考//榎博士还历纪念东洋史论丛 . 东京：山川出版社，1975：91~93。

[6] 唐耕耦，等编 . 敦煌社会经济文献真迹释录（第 1 辑），北京：

书目文献出版社，1986：40~41。

［7］陈国灿．唐乾陵石像及其衔名的研究//文物集刊，1980（2）：189~203。

［8］N. Sims-Williams. *The Sogdian Ancient Letter II. Philologica et Linguistica: Historia, Pluralitas, Universitas. Festschrift für Helmut Humbach zum 80. Geburtstag am 4. Dezember 2001, ed.*, M. G. Schmidt and W. Bisang, Trier 2001：267~280; F. Grenet, N. Sims-Williams, and E. de la Vaissière. *The Sogdian Ancient Letter V. Bulletin of the Asia Institute, XII*, 1998：91~104.

［9］朱雷．麹氏高昌王国的"称价钱"//魏晋南北朝隋唐史资料．1982（4）：17~24.

［10］N. Sims-Williams. *The Sogdian Merchants in China and India. Cina e Iran da Alessandro Magno alla Dinastia Tang,* ed. A. Cadonna e L. Lanciotti, Firenze 1996：45~67.

［11］［日］吉田丰，森安孝夫，新疆博物馆．麹氏高昌国时代ソグド文女奴隶卖买文书//内陆アジア言语の研究（IV），1988：1~50。

［12］姜伯勤．敦煌吐鲁番文书与丝绸之路．北京：文物出版社，1994：150~226。

［13］荣新江．波斯与中国：两种文化在唐朝的交融//刘东，编．中国学术.2002（4）．北京：商务印书馆，2002：61~64。

［14］山西省考古研究所，太原市晋源文物旅游局．太原隋代虞弘墓清理简报．文物，2001（1）：27~52。

［15］陕西省考古研究所．西安发现的北周安伽墓．文物，2001（1）：24~26。

［16］G. Scaglia. *Central Asians on a Northern Ch'I Gate Shrine. Artibus*

Asiae, XXI, 1958：9~28; B. I. Marshak. *Le programme iconographique des peintures de la "Salle des ambassadeurs" a Afrasiab（Samarkand）. Arts Asiatiques, XLIX*, 1994：1~20；姜伯勤．安阳北齐石棺床画像石的图像考察与入华粟特人的祆教美术．艺术史研究（第1辑）．中山：中山大学出版社，151~186。

［17］夏名采．益都北齐石室墓线刻画像．文物，1985（10）：49~54；夏名采．青州傅家北齐画像石补遗．文物，2001 年（10）：49~54。

［18］天水市博物馆．天水市发现隋唐屏风石棺床墓．考古，1992（1）：46~54。

［19］A. L. Juliano and J. A. Lerner. *Cultural Crossroads: Central Asian and Chinese Entertainers on the Miho Funerary Couch*. *Orientations*. Oct. 1997：72~78；A. L. Juliano and J. A. Lerner. *The Miho Couch Revisited in Light of Recent discoveries*. Orientations, Oct. 2001：54~61.

［20］Rong Xinjiang. *The Illustrative Sequence on An Jia's Screen: A Depiction of the Daily Life of a Sabao*. *Orientations*, February. 2003：32~35.

［21］P. Pelliot. le Cha–tcheou tou–tou–fou t'ou–king et la colonie sogdienne de larégion du Lob Nor. *Journal Asiatique*, 1lesérie, 7, 1916：111~123.

［22］［日］影山悦子．东トルキスタソ出土のオッスアリ（ゾロアスター教徒の纳骨器）について．オリエソト，1997：73~89。

［23］J. Lerner. *Central Asians in Sixth–Century China: A Zoroastrian Funerary Rite*. Iranica Antiqua, XXX, 1995：179~190.

吐鲁番地区纺织品的发现与研究

赵 丰

丝绸之路的起点一般均认为在西安或是洛阳，但汉唐纺织品在这一地区出土的不多，反而主要集中在新疆、甘肃、青海省境内，吐鲁番地区是丝绸之路上纺织品的重要发现地之一，出土的大量纺织品以西晋至唐西州时期为主。

一、西晋隋唐时期的纺织品概况

从西晋至隋唐约几百年间，纺织品生产从中原相对独立发展到沿丝绸之路进行大量贸易和交流的生产体系，并在异域的影响下极大改变了它的艺术风格。十六国时期，北方后赵政权占有魏地，置有大规模的织绣生产作坊，有数百人生产锦和织物，产品有大小登高、大小明光、大小博山、大小茱萸、大小交龙、葡萄文锦、班文锦、凤凰锦、朱雀锦、韬文锦和桃核文锦等。到南北朝时期，北魏政权大量掳掠百工伎巧，并设置各种专业织造生产户进行生产。

唐代前期，官营丝织业空前发达，少府监属下的织染署掌供冠冕、组绶、织作、色染，常设织造作坊有布、绢、絁 、纱、绫、罗、锦、绮、褐等十作，练染之作有青、绛、黄、白、皂、紫等六作，其中绫锦作坊中的巧儿就有 365 人，内作使下织染作坊中的绫匠 83 人，一些临时设置的作坊，如宫中贵妃院织锦、刺绣之工更达 700 人。事实上，唐代官府还在各重要地区设置各种不同性质的机构进行织绣生产。唐代中晚期，纺织生产的重心已逐渐由中原地区向南方移动，到唐后期，全国的经济基本上都取决于江南地区。

除中原外，西北地区的纺织业也进步很大。由于丝绸之路的畅通，来自东边的蚕桑丝绸生产技术已传入新疆当地，生产出具有地方特色的高昌锦、丘慈锦、疏勒锦等；而西方的毛纺织技术也到达此地，当地出土的毛织物出现了各种明显带有西方风格的图案题材。

晋唐时期的织、绣、染品种十分丰富，织造品种中最为突出的是丝织品，而其中最为绚丽的当属织锦。从文献来看，锦的品种甚多，有以地区命名的蜀锦，以用途命名的半臂锦、蕃客袍锦、被锦等，以色彩命名的绯红锦、白地锦等，也有以织物特点命名的大张锦、软锦等。锦的基本组织在早期是平纹和斜纹经锦，到盛唐时发展为斜纹纬锦，此外还有双层锦、织金锦、透背锦等各种新品。另一种重要品种是绫，唐代几乎各地都有绫的生产，名目也极繁多。此外，罗（见图 1）、纱、绮、绢等也在唐代大量生产。唐代丝织品种中的另一大创新是缂丝的出现。缂织工艺最早出现在汉代新疆地区的毛织物上，到唐代始见于丝织物上，称为“缂丝”。唐代的毛织物生产也非常多，尤其在新疆地区发现更多，其种类有毯、毡等，大多为色织物，图案精美。

刺绣品在生活中应用甚广，但从丝绸之路的大量出土物来看，自北魏时开始有专为佛教供养的刺绣佛像，唐代的佛教徒在此基础上有所发展，成为绣品的新热点，但从技法上来说，唐代刺绣已从早期的锁绣走向了平绣。

此外，这一时期的印染技术也十分突出。西晋南北朝时期已开始大量使用防染印花，当时称为“缬”，其中绞缬在东晋开始大多用于丝绸，在唐代文献中则有鱼子缬、醉眼缬、团宫缬等名；蜡缬始见汉晋时期进口的蜡染棉布，后渐盛，多为蓝地白花（见图2），并在此基础上演变为灰缬，色彩更为多变；夹缬出现于唐代，

图 1 吐鲁番出土的彩色罗

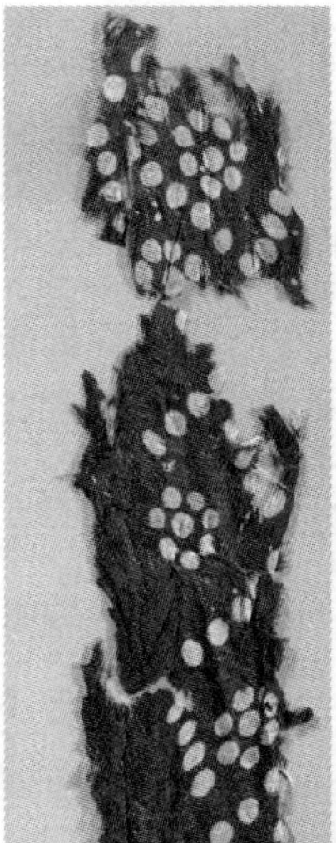

图 2 蓝底蜡缬

是色彩最为丰富的印花织物，多者可至四五套色，图案往往较大，有作花树对鸟、团窠卷草瑞兽等图案的，最为富丽堂皇。除此之外，晋唐之际出现的与印染有关的还有印金、贴金和泥金等作品，所有这些，均可在这一地区的纺织考古中得到实物佐证。

二、吐鲁番地区纺织品的考古发现

新疆吐鲁番阿斯塔那与哈拉和卓两处墓地的考古发现是 1949 年后北朝到隋唐丝织品的最主要成果。阿斯塔那汉名“二堡”，哈拉和卓汉名“三堡”，它们基本相接，均距胜金口和火焰山不远。吐鲁番的这两处墓地，也曾先后经斯坦因、桔瑞超等人调查和盗掘，有不少纺织品被带至国外，现藏于伦敦大英博物馆和日本若干大学的博物馆。但自 1959 年起，新疆的考古工作者在吐鲁番地区先后进行 11 次调查和科学发掘，共清理古墓 456 座，其中有 330 座可以根据随葬文书或纪年物判明其年代，文字材料最早见晋泰始九年（273），最晚见唐大历七年（772）。属于魏晋时期的只有少数，共 42 座（见图 3）。大多数可以分属于两个时期：一是高昌王朝时期（531—640），相当于北魏至唐初，共 115 座；二是唐西州时期，相当于 7 世纪下半叶到 8 世纪下半叶，共 173 座。吐鲁番出土的丝织品尚未见正式报告发表，但分别见于《丝绸之路——汉唐织物》《文物》《考古》及《新疆文物》等杂志所刊的发掘简报。

吐鲁番的发掘始于 1959 年年底。当时，新疆博物馆东疆文物工作组在吐鲁番阿斯塔那北区发掘了 6 个墓葬，分别编号

图 3 北凉时期的编织履

为 M301~M306，各墓均有纪年文字出土，其中出土有丝织品的 M306 出有章和十一年（541）文书；M303 出有和平元年（551）墓志，属于高昌时期；M301 出有贞观十七年（643）契约；M302 出有永徽四年（653 年）墓志；M304 出有垂拱四年（688）墓志，属于唐西州时期。[1] 1960 年年底，新疆博物馆又对阿斯塔那墓区进行了发掘，发掘未见刊行简报，但部分丝织品已发表于武敏《新疆出土汉唐丝织品初探》一文。在这些出土织物中，有不少已被各种论著反复引用，或反复见于各种图录，成为著名的文物。其中属于高昌时期的有鸟兽树木纹锦、双兽对鸟纹锦、树叶纹锦（见图 4）、瑞兽纹锦、狮纹锦、菱花锦、忍冬菱纹锦、兽纹锦、几何纹锦、条带连珠纹锦、连珠小花锦、彩条锦、棋局锦、几何

图 4　树叶纹锦

瑞花锦、兽头纹锦、大吉锦、对兽对鸟纹绮、连珠套环团花绮、连珠套环菱纹绮（见图 5）、回纹绮等。属于西州时期的有香地菱纹锦、规矩纹锦、对马纹锦、鸳鸯纹锦、大鹿纹锦、小团花纹锦、猪头纹锦、骑士纹锦、双鸟纹锦、龟背纹锦、鸾鸟纹锦、对鹿纹锦、瑞花遍地锦、花树孔雀纹绮、棋局团花双鸟绮。这里所提到的绮，基本上都是以平纹为地，斜纹作花的组织；而关于其织锦，则有不同的看法，武敏认为这些织锦“不论原有的经畦纹或隋唐之际的二枚经斜纹织物，都是经丝彩色显花”。但国内外有许多学者认为其中有部分为纬锦。[2]

1963—1965 年是吐鲁番考古的第二个阶段，新疆的考古工作者在阿斯塔那和哈拉和卓两地共发掘了 56 座墓葬，其中属高昌时期的共 4 座，属于西州时期的 36 座，出土的丝织品只有小部

图 5　连珠套环菱纹绮

分得到介绍，包括出于延昌二十九年（589）唐绍伯墓中的胡王牵驼锦（见图 6）、对鸟吉字锦（620 年）、红地宝相花纹锦（706 年）、杏黄色绮（685 年）、印花绢、彩绘绢（706 年）等，其中的红地宝相花纹锦是第一件由新疆公布的纬锦。[3]

为配合开展农田水利建设，新疆博物馆又于 1966—1969 年四次进入吐鲁番地区对这一墓葬区进行发掘，共发掘墓葬 105 座，出土大量的丝织品，其中当时已整理登记的标本达 46 件，除少量如夔纹锦、瑞兽纹锦、方格几何纹锦、联珠对孔雀贵字锦（见图 7）、蓝地棋局纹锦等属于北朝到隋这一时期外，大部分织物都为唐代织物，属于西州时期。特别是一些新品种的出土，如 TAM105 出土的彩条纹锦（见图 8），为单层的彩条经斜纹作地、

图 6　胡王牵驼锦

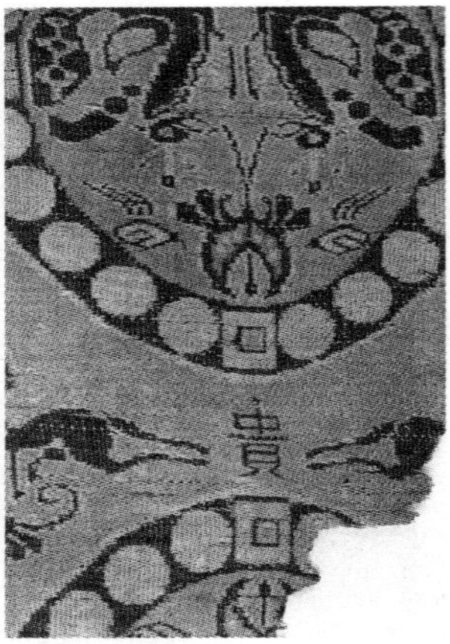

图 7　联珠对孔雀贵字锦

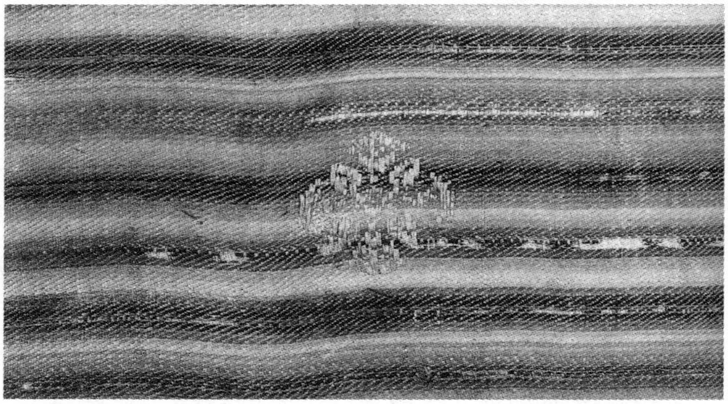

图 8　彩条纹锦

金黄色纬浮显花的组织，被称为“锦上添花锦”。更多的是染缬产品的出现，引人注目，如绿纱地狩猎纹缬，墨绿地上显粉绿纹样，狩猎者骑马飞驰，天空地面飞鸟奔兔，生动活泼，还有如黄纱地花树对鸟纹缬、绛纱地柿蒂纹缬等。这些染缬产品最初被定为蜡缬，后经武敏的研究，大部分改定为碱剂印花产品。[4]

1972—1975，吐鲁番的考古工作仍继续进行，又有一百余座墓葬被发掘。1972—1973 年的发掘，出土了由晋到唐的绢、纱、罗、绫、绮、锦等丝织品，色彩绚丽，图案新颖，其中高昌时期的对鸟对羊树纹锦（见图 9）和对狮对象纹锦遮胸，都是极为精致的织品，而唐墓所出的团花纹锦和宝花纹锦更具有当时常见的风格。除此以外，出土的黄、绛、绿、紫各色纱以及各种彩色的印花绢都非常不错，尤其是出土的一件金红色的彩绘蓝纱及一件狩猎纹印花绢（见图 10），都是前所未见的，反映了唐代丝织技术的水平。同时，墓中还出土了不少带有题记的麻布，是内地纺织品流通到新疆地区的明确记载。[5] 1973 年 3 月对张雄夫妇合葬墓（张雄死于 633 年，其妻死于 688 年，相隔 55 年）的发掘，更为唐代丝织品宝库增添了新的资料。其中最引人注目的是双面

图 9 对鸟对羊树纹锦

图 10 狩猎纹印花绢

锦和缂丝的发现，它们都被剪成小片作为随葬的木质女舞俑（见图 11）的服饰。双面锦以沉香色显白色变体方胜四叶纹图案，其组织与后来营盘所出对人兽树纹罽完全一致，但出现在丝织物上则以此为早。另有一件宽仅 1 厘米用作舞俑腰带的缂丝带，以草绿作地，显大红、橘黄、海蓝、天青、白色、沉香等八彩织成的四叶形图案，这是目前所知最早的有明确纪年的缂丝实物，十分珍贵。[6] 1975 年的发掘主要在哈拉和卓进行，出土丝织品中包括十分精致的联珠戴胜鹿纹锦二件，双人侍坛锦覆面一件，各色彩绢、纱、绫等。[7]

图 11　木质女舞俑

吐鲁番的大规模考古到此告一段落，20 世纪 80 年代和 90 年代只有小规模的考古活动[8]，而吐鲁番的研究却仍在深入进行，以至在一定规模上形成了吐鲁番学。

三、出土纺织品的研究

1. 出土纺织品的整理和研究

要研究吐鲁番这一地区的纺织品，首先得整理有关的出土实物。斯坦因从丝绸之路发掘的纺织品在带到西方之后较快地得到了详细的研究和刊布，而在其主要出版物《西域考古图记》和《亚洲腹地》中所涉及的纺织品基本都是以安德鲁斯（F. Andrews）的研究为基础的。

20 世纪 60 年代之后，法国的里布夫人（K. Riboud）曾对新德里国立博物馆和大英博物馆所藏斯坦因织物进行考察，其研究成果集中体现在《汉代织物的深入考察》[9]一文中。此后，她又继续发表论文，向海外介绍中国的考古新发现。

对于 20 世纪 50 年代以后出土的纺织品，一般多由发掘者、保管者或是当地学者先行研究和刊布。吐鲁番的织物由新疆博物馆研究员武敏进行研究和刊布，他首先于 1962 年发表了《新疆出土汉唐织物初探》[10]，对第一阶段出土的唐代织物进行了介绍，确认其中包括锦、绮两种主要的提花织物，但锦织物均为经线显花。后来，武敏又陆续地发表了一系列文章，介绍了更多的标本，特别是在《吐鲁番出土蜀锦的研究》[11]一文和《织绣》[12]一书中，发表了不少新整理出来的材料。部分由新疆当地发表的吐鲁番丝织物还包括《丝绸之路——汉唐织物》及《新疆出土文物》等图册。20 世纪末，吐鲁番的发掘报告被许多人所期盼，新疆维吾尔自治区博物馆和考古研究所进行了部分整理，其成果主要发表在《新疆文物》上。[13]吐鲁番的正式发掘报告可能还需要一段时间才能出来。

2. 技术史的研究

研究纺织品离不开对纺织品生产技术的研究，而织锦技术的首要问题是经锦与纬锦的区别。吐鲁番丝织品被斯坦因与伯希和带到西方时，西方学者认为中国在魏晋南北朝还是以经锦为主，唐代则以纬锦为主。但武敏在亲自分析吐鲁番织物的基础上，将其中一大类西方学者定为纬锦的织物鉴定为经锦。这一观点也引起了不少中国学者的困惑。考古界的重要人物夏鼐首先投入了对汉代织物的研究，发表了《新疆新发现的古代丝织品：绮、锦、刺绣》，将东汉丝织品的种类主要框定为锦、绮和绣三类，其中也谈到经锦与纬锦的问题，不过，他的看法与西方学者的较为接近。[14] 陈娟娟在对部分赴京展览的吐鲁番织物作鉴定时仍将这类织锦定作纬锦。[15] 此后，赵丰在研究都兰织物时也对这一问题进行了研究，最后提出了确定唐代纬锦的几个标准，基本解决了经锦与纬锦的区别问题。[16] 但武敏在对《吐鲁番出土丝织品新探》中仍然坚持自己的观点。[17]

锦的织造技术一直是人们关心的焦点。对于经锦的织造方法曾有各种推测，孙毓棠、高汉玉以及德国的库恩等学者认为织造经锦的织机与后世的提花机并无大异，加拿大的柏恩汉以及后来的夏鼐则认为汉锦可能是经由挑花织成的。胡玉端、屠恒贤等人经过对四川丁桥织机的调查和研究，最后认为多综多蹑机是汉锦织机的原型。近年来，赵丰对汉唐之间织机及其提花技术的演变做了较多研究，其主要观点是，唐以前的中国提花织物只有经向回圈而无纬向回圈，同时期西方（特别是指中亚、西亚）的织物有纬向回圈而无经向回圈。两种技术通过丝绸之路进行交流，最后在初唐时期得以融合，形成了新式的中国束综花楼提花机，此类织机可以同时织出经向和纬向回圈的图案。[18] 此外，赵丰还专门研究了中亚体系的挑花和提花技术，并提出了中亚风格织锦的织机与提花思路。[19]

唐代是中国印染史上的高峰期，新型的三缬替代了早期的凸版印花，大大提高了印染生产力。在研究唐代印染方面，也取得了不少成绩。武敏对吐鲁番出土的印染织物进行了深入的研究，她首先发表了《吐鲁番出土丝织物中的唐代印染》一文，不仅对唐代所用染料进行了研究，而且在印花织物中发现了碱剂印花的存在，将一大批原先鉴定为蜡缬的织物改正为碱剂印花产品[20]，后来有人称之为“灰缬”。接着，她又发表了《唐代的夹版印花：夹缬》一文，探讨了唐代夹缬的各种技术，特别是它的花版，提出了唐代已出现筛罗花版的观点[21]。关于唐代的夹缬，赵丰和郑巨欣也做了不少的研究，前者通过民间工艺的调查，找到现存的夹缬板并由此提出了唐代夹缬板为木型板的看法[22]，而郑巨欣则进一步进行了夹缬工艺的实验，基本获得成功。[23]唐代印染还有一种绞缬，王序对其做了实验性的研究，通过实验证实了唐代四种绞缬工艺的方法，分别是扎绞法、缝绞法、打缬法和夹绞法，其中夹绞法是一种与夹缬法相结合的绞缬工艺（见图 12）。[24]

3. 年代和产地的研究

汉式织锦的艺术风格非常特殊，一般以云气与动物纹样为特征，间杂以带有吉祥意义的汉隶铭文。图案往往沿纬线方向排列，其纬向回圈一般通幅，而其经向回圈则较小，一般不超过 9 厘米。由于汉代织锦在技术上的区别并不明显，因此，从艺术史角度对

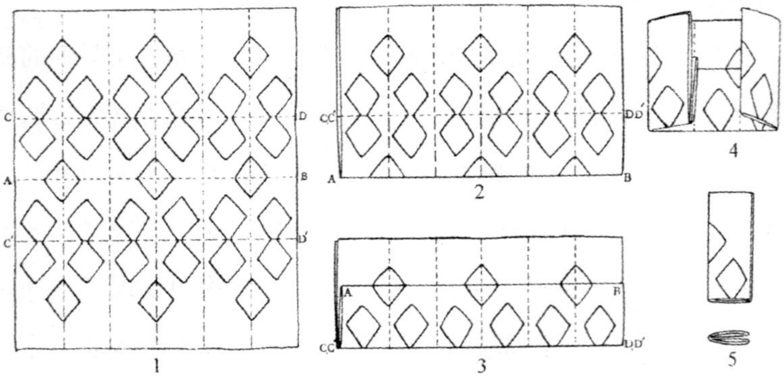

图 12　双菱形凸模的夹板

其进行研究，或可以解决这批汉锦的断代问题。

中国学者中有不少人对此类织锦的年代发表了看法，沈从文认为，它们早不过秦始皇以前，晚不会在汉武帝以后。[25]赵丰认为，这类织物的流行期应在东汉至魏晋时期，其理由为：一、遗址或墓葬的年代均在东汉或是魏晋，而在西汉墓中基本没有发现；二、其不少织锦铭文均可与东汉时期的一些杂记及后来《邺中记》及其他关于魏地织锦的记载相吻合，至于《洞冥记》所载情况虽在汉武帝时期，但此书并不可靠；三、锦纹反映的神仙思想只在汉武帝时出现，其流行则在东汉，对照大量东汉的陶器等上面的纹饰，均可理解这一点。在《云气动物纹锦的系谱》一文中，赵丰还将汉代的云气动物纹按云气类型的不同分为穗状云、山状云和涡状云三种，并构画了其发展系谱。从这一系谱来看，带有穗状云的动物纹锦的出现时间在逻辑上较山状云早，但东汉和魏晋是其共同流行的年代。魏晋起，云气动物纹样则趋向于简单化和程式化。[26]

吐鲁番出土文书是进行纺织品研究的一大依据。在这一点上，擅长吐鲁番文书研究的唐长孺和吴震等做了大量的工作。唐长孺较早地发表了其相关成果[27]，而吴震则全面整理了吐鲁番文书中的所有相关名词，并对其作了详细的考证。[28]

在吐鲁番出土的纺织品中，有不少庸调布或绢，其上面写明出自何地，基本可知是来自中原地区。由于在吐鲁番当地也出土了棉籽等，有些棉织物也可认定是新疆当地的产品。[29]但在丝织物中，这一问题就相对较难了。一般学者只是说到内地或西域，如夏鼐只是将其笼统地称为“一些带有典型的波斯萨珊朝式纹锦的中国丝织品以及一些可能是波斯或中亚的丝织品”，薄小莹将第一类联珠纹归于中国织物（见图 13），而称第二类联珠纹锦可能是产自粟特地区（见图 14）。[30]但是，也有人专门对某一地

图 13　联珠团花纹锦

图 14　联珠鹿纹锦覆面

区生产的织物做了研究，如武敏在《吐鲁番出土蜀锦的研究》一文中进行的研究，将一般被认为产于内地的一类织物更明确地归于蜀地，而且这种以四川为主生产丝绸的格局到宋代仍未改变。[31] 1999 年，丝绸之路沿途出土丝织品主要地点的考古学家与艺术史家，齐集在瑞士的阿贝格基金会召开了一次以早期中世纪纺织品为主题的研讨会，大家对沿途丝织品的生产及传播都发表了各自的看法，最后的成果汇集成一册论文集。[32] 当然，这些研究还没有达成定论，距离真正地解决问题，还有很长一段路。

由于地处丝绸之路要道，吐鲁番纺织考古研究中很重要的一个课题就是研究出土纺织品上的东西文化交流影响，当中有不少学者进行了仔细的研究。

四、中西艺术交流的研究

从东西文化交流的角度来研究这一地区出土织物的，夏鼐是带头者。他在《吐鲁番新发现的古代丝绸》一文中，不但从图案上论述了联珠纹与波斯图案的关系，而且从技术上着重论述了中国丝织物从平纹到斜纹、从经线显花到纬线显花的变化，并认为西方织造技术上的这些特点主要是因为他们采用短纤维羊毛为原料的缘故。宿白在《丝绸之路——汉唐织物》的序中也用了相当的篇幅来讨论丝织品上所见的东西文化交流因素。[33]薄小莹也沿着这一思路，在《吐鲁番地区发现的联珠纹织物》一文中对这一反映东西文化交流的典型题材做了深入的剖析，她将联珠纹织物按织物图案分成两类：一类是中国产的经锦，另一类是中亚风格的纬锦。她认为两者与波斯地区的联珠纹锦是既有联系又有区别的三个织锦系统。[34]

在研究西方艺术对中国风格织锦图案的具体影响方面，联珠纹、孔雀、狮子、骆驼、大象、翼马、胡商、骑士、番人等常被提及。而盛余韵（加拿大）和赵丰又做了较为具体的研究。盛余韵在《吐鲁番丝绸上的织造纹样：中国还是波斯？》一文中介绍了树叶锦、棋局锦以及吉字锦等一些较为简单的图案，认为它们是中国技术和粟特图案的结合。[35]赵丰在《丝绸艺术史》和《织绣珍品》中都花了大量篇幅来讨论中国织锦中的西方母题，特别是在《魏唐织锦中的异域神祇》一文中特别对吐鲁番出土的一件簇四云珠对骑对兽日神锦（见图 15）进行了分析，认为这种类似一主二宾的造型，很可能与印度宗教中的一些神像有关，后来佛教密宗中的大黑天神或许就是受这类神像的影响所致。

对于纯异域题材和西方技术的织物，也有人进行了不少的研究。赵丰在同一文中论及的还有猪头纹锦（见图 16），认为它可能是琐罗亚士德教中的伟力特拉格那神的化身（Verethragana）。

图 15　簇四云珠对骑对兽日神锦

图 16　猪头纹锦

注释

[1] 新疆博物馆 . 新疆吐鲁番阿斯塔那北区墓葬发掘简报 . 文物，1960（6）。

[2][10] 武敏 . 新疆出土汉唐丝织品初探 . 文物，1962（7~8）。

[3] 新疆博物馆 . 吐鲁番阿斯塔那—哈拉和卓古墓群清理简报 . 文物，1972（1）。

[4] 新疆博物馆 . 吐鲁番阿斯塔那—哈拉和卓古墓群发掘简报 . 文物，1973（10）。

[5] 新疆博物馆 .1973 年吐鲁番阿斯塔那古墓群发掘简报 . 文物，1975（7）。

[6] 新疆博物馆 . 吐鲁番阿斯塔那 363 号墓发掘简报 . 文物，1975（7）。

[7] 新疆博物馆考古队 . 吐鲁番哈拉和卓古墓群发掘简报 . 文物，1978（6）。

[8] 吐鲁番地区文管所 .1986 年新疆吐鲁番阿斯塔那古墓群发掘简报 . 考古，1992（2）。

[9] Krishna Riboud. *A Closer View of Early Chinese Silks. Studies in Textile History*. Royal Ontario Museum, Toronto, 1977.

[11][31] 武敏 . 吐鲁番出土蜀锦的研究 . 文物，1984（6）。

[12] 武敏 . 织绣 . 台北：幼狮文化事业公司，1992。

[13] 新疆博物馆考古部 . 吐鲁番阿斯塔那第二次发掘简报 .1959—1960；新疆博物馆考古部 . 吐鲁番阿斯塔那第三次发掘简报 .1960；新疆文物考古研究所 . 吐鲁番阿斯塔那第十次发掘简报 .1972—1973；新疆文

物考古研究所．吐鲁番阿斯塔那第十一次发掘简报（1973年）//新疆文物，2000（3~4）。

［14］夏鼐．新疆新发现的古代丝织品——绮、锦和刺绣．考古学报，1963（1）。

［15］陈娟娟．新疆吐鲁番出土的几种唐代织锦．文物，1979（2）。

［16］赵丰．唐代丝绸与丝绸之路．西安：三秦出版社，1992。

［17］武敏．吐鲁番古墓出土丝织品新探．敦煌吐鲁番研究（第4卷）．北京：北京大学出版社，1999。

［18］赵丰．中国丝绸通史（唐代部分）．苏州：苏州大学出版社，2005。

［19］Zhao Feng.*Weaving Methods for Western-style Samit from the Silk Road in Northwestern China // Central Asian Textiles and Their Contexts in the Early Middle Ages, eds.*, Otavsky, Karel, Bivar, A. D. H., Schorta, Regula, & Abegg-Stiftung; *Riggisberger Berichte*, 9. Riggisberg: Abegg-Stiftung, 2006: 189~210.

［20］武敏．吐鲁番出土丝织品中的唐代印染．文物，1973（10）。

［21］武敏．唐代的夹版印花——夹缬．文物，1979（8）。

［22］赵丰．夹缬//丝绸，1991（4~5）。

［23］郑巨欣．中国古代雕版印花艺术的研究．杭州：浙江美术学院，1990；郑巨欣．中国传统纺织印花研究．上海：中国纺织大学，2003。

［24］王序．中国古代绞缬工艺．考古与文物，1986（1）。

［25］沈从文．中国历代服饰研究（增订本）．王序，增订．香港：商务印书馆（香港）有限公司，1992。

［26］赵丰．云气动物锦纹的系谱．浙江丝绸工学院学报，1989（3）。

[27]唐长孺，中国文物研究所，等编．吐鲁番出土文书（一）（二）（三）（四）．北京：文物出版社，1992、1994、1996。

[28]吴震．吐鲁番文书中的丝织品名考．吐鲁番地域与出土绢织物．乌鲁木齐：新疆维吾尔自治区博物馆，奈良：奈良丝绸之路学研究中心，2000。

[29]王仲荦．唐代西州的绁布．文物，1976（1）；沙比提．从考古发掘资料看新疆古代的棉花种植和纺织．文物，1973（10）。

[30][34]薄小莹．吐鲁番地区发现的联珠纹织物//吐鲁番古墓葬出土艺术品．乌鲁木齐：新疆美术摄影出版社，1994。

[32] *Central Asian Textiles and Their Contexts in the Early Middle Ages, Riggisberger Berichte 9*, Abegg-Stiftung, 2006.

[33]新疆博物馆出土文物展览小组．丝绸之路——汉唐织物．北京：文物出版社，1972。

[35] Angela Sheng. *Woven Motifs in Turfan Silks: Chinese or Iranian. Orientations*. April. 1999.

碰撞与融合
——丝绸之路上的外来金银器

齐东方

“汉唐盛世”经常被用来形容中国历史上这两个重要王朝，就物质文化而言，两个盛世之间缺乏直接的关联性和继承性。要探讨这一转变，外来文化的影响首当其冲地被提了出来，转变的重要背景是丝绸之路的兴盛。学者从考古发掘中获得了一些外来器物涌入的实物见证，但也遇到了一些问题：哪些是输入物品？输入物品来自哪些国家和地区？这些物品对中国产生了什么影响？外来文化与中国文化是怎样重新搭配组合的？人们为什么会做出那些选择？

外来器物经常混在中国文物中一起出土，最初人们并不能辨识，只是觉得有些奇怪及疑惑，因为这些器物的形制、纹样特殊，有别于一般的中国器物。随着出土物的增加和考古学研究的进展，外国输入的器物被逐步考定出来，来自哪些国家和地区也大体弄清楚了，国产器物中的外来风格也得到了分辨。外来物品的种类很多，其中金银器的形制复杂、纹样丰富、制作精巧，不但包含了更多的文化资讯，也提供了西方文化对中国的渗透的线索。

金银器是通过“丝绸之路”进入中国的，“丝绸之路”是由主干线、次干线、支线等纵横交错而形成的网路，主线有三条：

（1）洛阳、西安经河西走廊至西域路，即沿黄褐色土地上的点点绿洲西进的“绿洲路丝绸之路”，或称为“沙漠丝绸之路”。

（2）中国北部绿色草原地带的“草原丝绸之路”。

（3）中国东南蔚蓝色海洋中的“海上丝绸之路”。

由于社会变化和自然环境的制约，不同时期畅通的路线以及不同时期外国文物出土的地点，都反映了中国政治形势的变化和历史进程。

一、早期外来器物与新技术的传入

“早期”是指汉代及以前。西汉是一个朝气蓬勃的王朝，它与欧洲的罗马帝国和中亚的贵霜王朝并肩成为当时世界上政治、经济、文化高度发达的三大帝国。在欧亚世界三国鼎立期间的公元前 193 年，汉武帝刘彻派出勇敢健壮、能力非凡的张骞出使西方，开始了三大帝国间的沟通，欧亚历史进入了一个崭新的历程。

图 1　南越王墓银盒

属于汉代或稍早些时候由外国输入到中国的金银器主要有广东广州象冈西汉南越王墓银盒[1]（见图 1）及山东

淄博大武乡西汉齐王墓随葬坑银盒[2]（见图2）。它们的造型、纹样和工艺十分相似，最显著的特征是盖面和盒身锤出外凸的水滴状花瓣纹，这正是西亚波斯金银器流行的装饰手法。[3]这种银盒后来又在山东青州西汉初年墓、巢湖市北山头1号汉墓中出土。[4]所有这些器物的尺寸极为接近，年代也相当，而且均出自汉代贵族墓中，似乎是同一批产品一起进入中国，有可能原属于皇室物品，后来分赐予贵族。

甘肃靖远县北滩乡出土的银盘[5]（见图3），盘内满饰纹样，外圈为葡萄纹，其间杂以飞禽、动物；中圈外缘饰花瓣纹和联珠纹，内缘为联珠纹，其间隔出12等分，各置一个人物和一个动物；

图2　齐王墓银盒

图3　靖远银盘

盘心是一男子持杖倚坐在一雄狮或豹的背上。盘心以突出醒目的人物为主题，人物为古罗马的巴卡斯神，周边的12个人物为宙斯十二神。这应是2世纪至3世纪产于罗马的作品。[6]

青海大通上孙家寨东汉末至三国时期墓中的带把银壶（见图4），腹侧置一环形把，口沿、腹部和底边有三组鎏金纹带，

图 4 大通带把银壶

腹部纹带由六朵不同形状的花朵组成，底边饰三角纹。植物纹在汉代很少出现[7]，特别是阔叶植物中有石榴，在同时期只见于西方，应该是一件外来器皿。[8]

与地中海地区和西亚、中亚相比，中国早期金银器制作不算发达，特别是器皿类兴盛得较晚。外来金银器的制作都采用了锤揲技术。锤揲技术是用金银片锤击出器型和凸起的纹样，犹如浮雕，富有立体效果。锤揲金片在商代已经出现，但在当时的黄河、长江流域应用不多，而且主要是其他遗物上的装饰，不是独立的器物。陕西凤翔县春秋晚期墓中的小金盆（见图5）、浙江绍兴战国墓中的玉耳金杯（见图6）、湖北随州战国曾侯乙墓中的金盏和金杯[9]（见图7、图8），是目前所知最早的一批金器皿。这些器物采用铸造工艺，取法于青铜器制作技术。山东临淄汉齐王刘襄墓随葬坑的鎏金银盘（见

图 5 凤翔小金盆

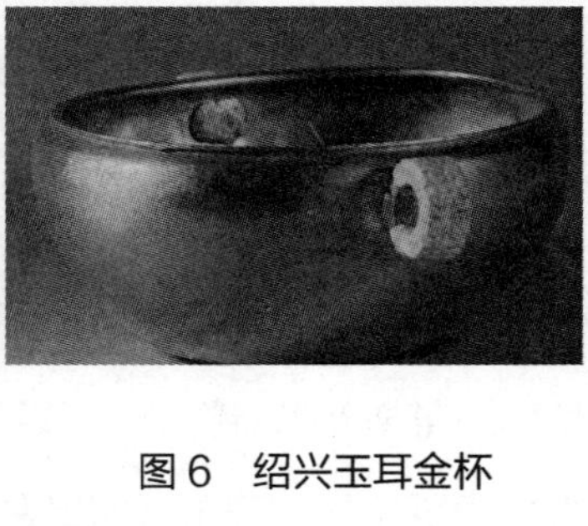

图 6 绍兴玉耳金杯

图 7　曾侯乙墓金盏

图 8　曾侯乙墓金杯

图 9　临淄齐王墓镏金银盘

图 9），形制和纹样也是当时青铜器样式的翻版。

器皿之外，还有一些饰件值得关注。广州西汉南越王墓的小金花泡（见图 10）、江苏邗江甘泉 2 号东汉广陵王刘荊墓出土的镶嵌绿松石和水晶的金饰品[10]（见图 11）、广西汉墓的金空心球[11]（见图 12）等，从形制到工艺均非中国传统。那些金空心球也称“多面金珠”，用金环拼焊成型，空当处堆焊小金珠，玲珑剔透。多面金珠在巴基斯坦呾叉始罗和越南奥高曾经被发现，年代相当于东汉。掐丝和黏接金珠工艺，从希腊至中亚历史悠久，所以这些饰件为输入品无疑。[12]

在早期外来器物中，可以看出当时人们对待外来器物的态度。西汉南越王墓和齐王墓的银盒，器物的银质部分原来是盒，下面的底座及盖上的钮为青铜，可以明显看出是后来铆合上去的。加上座、钮后，整个器物看上去像“豆”。这是中国人根据自己的欣赏和使用习惯，将外来物品进行了改装。

云南晋宁石寨山相当于西汉时期的滇国墓葬中曾出土过四件镀锡青铜盒[13]（见图 13），器型纹样与南越王墓和齐王墓等的银盒如出一辙，尺寸也很接近，应是仿自舶来品的银盒。这说明外来器物对中国金银器制造产生的影响至少在西汉已经开始。

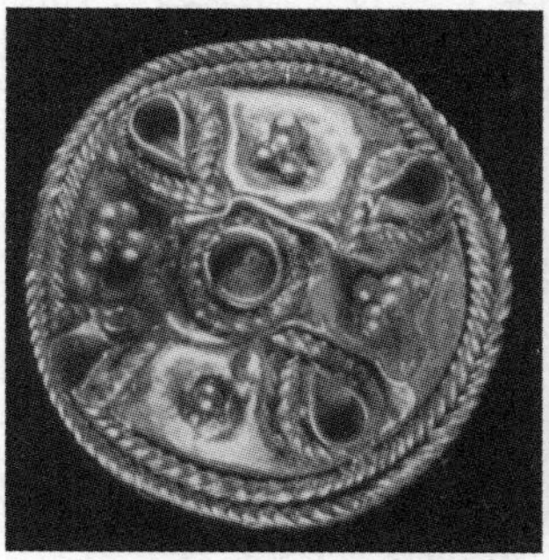

图 10　南越王墓金花泡

图 11　刘荊墓金饰品

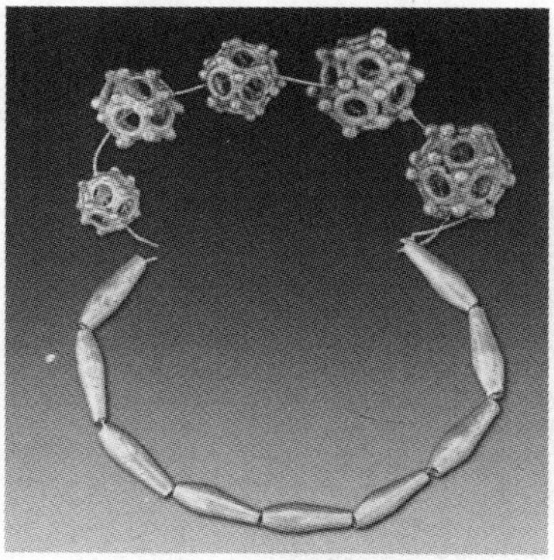

图 12　广西汉墓金空心球

图 13　石寨山墓青铜盒

外来物品在中国经过改造后使用，甚至仿造，反映出人们交流过程中对外来器皿新奇的造型、纹样发生了兴趣，并尝试学习。仿造外来金银器采用中国成熟的铸造工艺，但最终因铸造不适合金银材质，也难以做出精美的细节而没有流行。而西方传入的金银器中的锤揲方法、掐丝、金珠技术，能制作出新颖的器形和特殊的装饰效果，因而推动了中国金银器的制作，河北定县东汉刘畅墓出土的掐丝金龙、金辟邪、龙形金饰片、羊群等纯粹中国式的器物[14]（见图 14、图 15），还有山东莒县双合村汉墓出土的

图 14　刘畅墓掐丝金龙

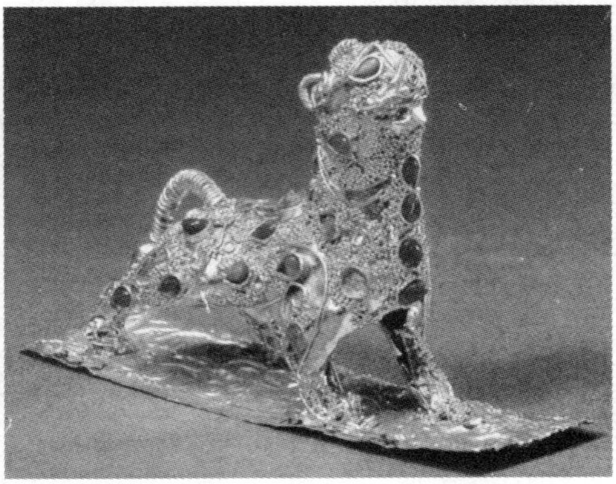

图 15　刘畅墓掐丝金辟邪

带“宜子孙”文字的金灶等[15]（见图 16、图 17），样式为纯粹中国式，制作技术却是外来的，说明东汉已经熟练地利用了黄金的延展性能，充分掌握了掐丝和黏接金珠等各种工艺技术，使中国金银器风格一变。

图 16　莒县汉墓金灶

图 17　金灶上带文字“宜子孙”

二、“汉唐盛世”间的过渡与转化

早期西方输入的金银器主要在南方和沿海地区出土，似乎与海上丝绸之路的联系更为密切。汉代银盒和掐丝、焊金珠的饰件应是通过海上丝绸之路传入的。汉代以后，中国南方仍有发现外来器物[16]，但数量、分布减少了，相反西方传入的器物多分布于中国北方地区。

新疆伊犁波马出土了金盖罐、虎柄金杯、银壶、金面具、金戒指、包金剑鞘、铁剑、金带饰等一批金银器。[17]金盖罐盖上部有七个下垂花纹，肩部有红宝石镶嵌成的三叶纹（见图 18），圈足边缘有一周联珠纹。肩腹部存有四个铆接点，原应有耳。虎柄金杯的器身内外通体锤出菱格，格内焊接宝石座，内镶嵌椭圆形红色玛瑙。虎形柄焊接在口沿下至中腹部，通体錾刻虎斑纹（见图 19）。银壶呈长卵形,原先应当安有把柄。颈部镏金花纹条带，为连续

图 18　波马金盖罐

的十字形花纹（见图 20）。肩部残存有上下两个铆接的痕迹。

图 19　波马虎柄金杯

波马金银器的年代约在 5 世纪之前[18]，器皿多把柄，制作工艺的最大特色就是大面积镶嵌宝石与点焊金珠相结合，应该是中亚地区的产品。

新疆焉耆七个星镇发现了鸵鸟纹银盘、浅棱纹银碗、豹纹银盘等。[19]鸵鸟纹银盘

图 20 波马银壶

的盘内中心錾刻有一只鸵鸟，四周围绕着六只同样的鸟。浅棱纹镏金银碗腹壁由上至下锤揲出放射状的棱线，使器表略有起伏变化。器物的圈足外壁有錾刻点组成的中古波斯文字。豹纹银盘的盘内底心纹样的构图由远及近依次是一棵树、花豹、山石，树豹的通体饰有花斑点。[20]

鸵鸟在中国古代被视为珍奇鸟类，文献中常有西方诸国向中国王朝进献鸵鸟、鸵鸟蛋的记载，中亚、西亚的器物、壁画上可以见到鸵鸟的形象。以豹为主题并有中心树的图像在萨珊、粟特各种遗物中也经常出现，金银器锤揲出凸凹起伏的纹样，更多见于西方的器物上。因此，焉耆七个星出土的金银器来自外国，很可能是粟特的遗物。

甘肃固原北周李贤墓中便有一件更为精致的带把壶[21]出土（见图 21），壶的肩部至腹部有一弧形把，把的顶端有深目高鼻戴帽的胡人像。壶的颈腹相接处、高圈足的中部和足底各饰一周联珠。环绕壶的腹部锤出人物图像，共六人，为男女相对的三组，表现的是希腊故事中帕里斯审判、夺海伦及回归的场面。[22] 这种壶在萨珊、粟特银器中常见，但古代希腊罗马和萨珊伊朗信仰不同，在萨珊式银器上出现希腊故事题材，应该与马其顿东征和中亚地区曾出现“希腊化时代”有关，李贤墓银壶的制作地也可能在中亚。[23]

图 21　李贤墓带把壶

山西大同北魏城遗址也出土了一批外来器物[24]，其中有银多曲长杯（见图 22），器体八曲，俯视如八瓣花形，内底中心饰有两头兽，花瓣形铜圈足应是后来配制的。这件长杯与萨珊银多曲长杯的造型基本相同，略有区别的是口沿曲棱顶端的小花瓣和内底的怪兽纹在粟特地区可以见到，带有浓厚的中亚艺术风格。[25]大同北魏城遗址的圜底银碗（见图 23），器腹以大植物叶分作四等分。每等分之间有一圆环，环内锤出半身人物侧面像。大植物叶和圆环形饰出现在波斯萨珊和中亚艺术中，头戴圆形帽的人物特征是中亚样式。大同北魏墓也出土了形制、装饰很接近的银碗。[26]山西大同即北魏前期的都城，皇室、贵族大都居住于此，它也是北魏与西方诸国进行交往的中心，这些器物传入中国的时代不晚于 6 世纪初。[27]

山西大同北魏景明二年（501）封和突墓中出土了一件萨珊银盘[28]（见图 24），盘内中央饰一位狩猎者，双手执矛指向两头野猪，一足踏着野猪。这是一件萨珊器物无疑。

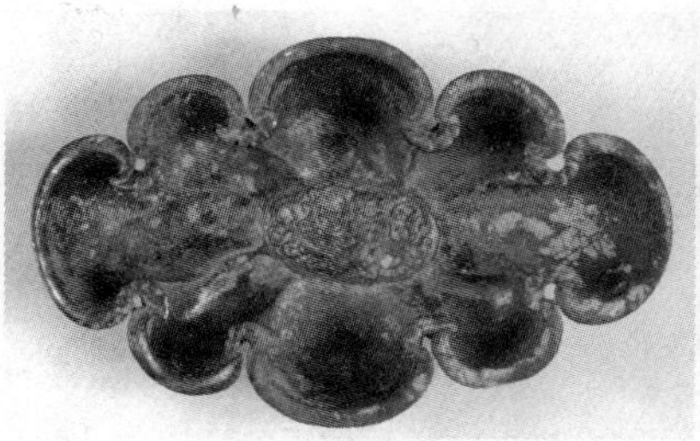

图 22 大同北魏银多曲长杯

图 23 大同北魏圜底银碗

图 24 封和突墓银盘

河北赞皇县东魏武定二年（544）李希宗墓中出土了一个银碗（见图 25），碗壁锤出曲线水波纹，碗内口沿下饰联珠一周，底部锤出浮雕式的六瓣莲花，莲花周围又饰联珠两周。水波纹银碗在英国不列颠博物馆有收藏，被视作印度或伊朗东部 4 世纪至 5 世纪的作品，两者风格很接近，时代和产地应相同，可能是萨珊时期伊朗东南部的制品。[29]

古代罗马、萨珊、巴克特利亚、粟特等地的银器极少有明确纪年，可以肯定出土地点的器物也不多，中国这批器物有的出土于墓葬内，有的出土于遗址或窖藏中。中国 3 世纪以后的墓葬，有在墓中放置墓志的习俗，墓志记述被葬者的名字、官职、生平、入葬时间。遗址和窖藏中的器物，有出土时的环境及伴出遗物，

图 25　李希宗墓银碗

年代也可考定。因此，中国发现的外来文物，至少具备五个特点：有准确的出土地点，经过科学发掘获得，器物制作年代下限明确，同其他伴出器物有组合关系，器物保存完好。这对于研究西方银器及丝绸之路上的东西文化交流具有重要的参考作用。

东汉时期班超再次打通西域，丝绸之路得到深度的开拓，令其后的南北朝时期与西方的往来更为密切；罗马、波斯、粟特等地区的使节和商人频繁往来，并以朝贡的方式进行贸易。考古发现的外来金银器呈现的现象可归纳为：分布广泛、高官拥有及最新产品。

分布广泛——虽然外来金银器在中国内地有转送的可能，但总体上看，汉代以前的西方银器，多通过海上“丝绸之路”传入，数量不多。其后，多从北方陆路传入，考古发现地点分布于新疆、甘肃、宁夏、山西、河北、山东。

高官拥有——西方银器的所有者明确的有封和突、李贤、李希宗，他们都是地方官，可以利用自己的权力和便利条件获得这些西方珍品。史书上记述西方诸国向中国朝廷朝贡，与中国通商，从考古发现来看，地方权贵的私下活动也很重要，甚至直接与西方使节、商人交往。

最新产品——输入中国的金银器不仅十分精美，如果纳入西方器物的年代序列，还可以发现这些物品应是国外的新产品，这暗示着当时中西交往的密切和资讯传播速度之快。

探讨中国古代金银器的发展，如果只认为中国本土这一核心而忽视外来因素，就无法解释其发展演变，中国通过西北的绿洲文化，紧密连接着中亚、西亚乃至欧洲文明，汉代以后中国致力于与外部世界的交流，外国进口的金银器生动地反映了不同时期对外交流的传播路线和接受方式。南北朝时期，急剧增加的外来金银物品，给中国金银器的发展注入了新的活力，外来的工艺逐渐为中国工匠所掌握，为中国金银器发展的高潮奠定了基础。

三、仿制创新器物与文化的融合

任何时代都会出现新的器类和器型，或因生活变革，或与信仰有关，再来就是外来文化的影响。外来物品对中国金银器制造的影响在战国、西汉时期已经开始，其后发生了变化，西晋时期出现凸凹起伏效果的铜碗[30]（见图 26），似乎是仿金银器锤揲技术的效果；北朝时期中国传统的耳杯（见图 27），在用银来制

图 26　福州西晋铜碗

图 27　大同北魏银耳杯

作时耳的边缘饰以中亚、西亚常见的联珠。[31]不过这时直接仿制的很少，外来器物的影响主要表现在装饰方面，其也间接地影响了器物的形态。

图 28 李家营子银带把杯

唐代对外交流更为广泛，外来器物增多，发现了成组的器物，内蒙古敖汉旗李家营子出土的银壶、带把杯、长杯、盘、勺（见图 28 ~ 图 30），简洁、实用，又便于携带，应是粟特商人的饮食用具。[32]西安西郊银碗、西安沙坡村银碗、西安何家村带把杯等粟特器物（见图 31 ~ 图 33），混杂在唐代器物中一起出土，说明唐人对外来器物了解得更多。

外来金银器新奇的造型、纹样和锤揲工艺，不能不引起中国工匠的关注。他们在制造时学习模仿，并逐渐融合创新，其结果是使中国金银器风格突变。为什么唐代金银器制造会出现朝气蓬勃的景象？这可以从当时的物质基础、技术人员的组合、人们审美品位的变化等方面来考察。

物质基础——唐代金银器制造达到了一个高峰，而这个高峰的到来显得很突然，这是个十分引人注目的现象，其实突然的背后有必然的原因。南北朝时金、银矿的开采和器物制造甚具规模。《魏书·食货志》记载，延昌三年（514）长安骊山银矿“二石得银七两”，桓州（今大同）白登山银矿“八石得银七两”，诏

图 29 李家营子银长杯

图 30 李家营子银盘

图 31 西安西郊银碗

图 32 西安沙坡村银碗

图 33 西安何家村带把杯

置银官“常令采铸”，可见当时的人们对矿藏、冶炼开发有了具体认识。《魏书·杨昱传》还记载“桓州刺使杨钧造银食器十具”，说明当时制造器物并不局限在宫廷。金银开采和冶炼的兴盛，为日后唐代金银器的兴起奠定了物质基础，前代金银制作经验的积累为唐代金银器的迅速发展提供了可能。

技术人员的组合——南北朝时期中亚诸国的使节、商人不断前来中国的同时，西方匠人也来到中国。有文献记载了北朝时有一个叫细胡的何国商人来到今四川一带，因经营金帛而致富，他的儿子何通善于斫玉，另一个儿子何妥也以手工技巧著称。唐代建立了完善的工匠培养和使用制度，定居中国的外来工匠要征调到中央服务[33]，便带来了西方工艺技术。

品味的变化——汉代以后传统的升仙思想受到佛教的冲击，表现信仰的艺术形式也需要改变，原有的兽怪、云气等纹样到北魏时似乎已经发展到了尽头。伴随着佛教艺术的发展，西方的忍冬、莲花、葡萄等植物纹样迅速流行，引发了人们审美品位的变化。

唐代金银制造业爆发式的发展，矿藏开采和冶炼的兴盛、制作经验的积累和新的工匠的培养和使用制度固然重要，但作为导火线的应是外来文化的影响。

对异域文化的理解和欣赏，在唐代形成了社会时尚，这直接影响着金银器物的制造。在粟特故地及北方草原地区常见的带把杯，成为唐代模仿较多的器物（见图 34）。还有一种叫“胡瓶”的外来器物，更是唐代崛起的器类。

胡瓶的基本形状是椭圆形器体，扁状较多，较长的细颈，流口多作鸭嘴、鸟啄形，有的带盖，口部到腹部带弯曲的把，有的把的最上部有一人头或其他装饰。这种带把壶在中亚、西亚经常可以见到，它起源早，分布广，罗马到伊斯兰时代都有发现。文献记录胡瓶也来自西方。[34] 考古发现的图像中，唐以前主要在移民生活中使用，如安伽、史君墓石刻和陶俑塑像中常见的是胡人用物，或者和旅行商人有关而出现在骆驼上[35]（见图 35 ~ 图 37）。唐代内蒙古敖汉旗李家营子出土的银胡瓶，也是粟特输入品。对当时的人来说，胡瓶的造型很新颖，唐初主要在上层社会使用，如李贤墓、房陵大长公主、安元寿墓壁画在表现贵族进食宴饮场面中都有胡瓶。胡瓶给唐人带来的不仅是新颖的感觉，而且因为有把，有流，使用方便，很快就在日常

图 34 何家村出土的仿粟特带把杯

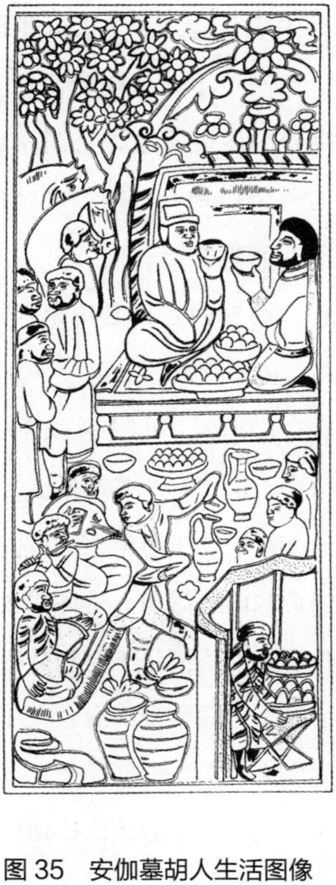

图 35 安伽墓胡人生活图像

图 36　西安南郊唐墓骆驼

图 37　李贤墓壁画

生活中流行起来。一般人不能用金银，便制造了大量陶瓷胡瓶。大量的陶瓷胡瓶说明这种仿制品已经不是对外来器物心驰神往之余的冲动作品，而是交流后的一种有意识的选择。而这种选择是由金银器引领的社会风潮所致。

在汉唐时期的中外贸易、文化交流中，汉代有“张骞凿空”，隋代有炀帝西巡，唐代有玄奘西行。如果说“张骞凿空”事件，是一次放眼看世界的突破，那么隋炀帝的西巡活动，是将观念变为行动。而唐代高僧玄奘西行，则反映人们不满足于对物品的求索，还要寻求其他文化、思想资源。欧亚之间实现沟通、交往，是世界历史上的一个重大转变。对中国来说，“普天之下，莫非王土，率土之滨，莫非王臣”（《小雅・北山篇》）的政治地理概念和大一统观出现了动摇。对外部世界的了解也改变了，把异态文明看作自身敌人，采用一些极端的方式加以对付的做法，逐渐增添了了解和求知的渴望，也试图寻找着东西方文明对峙中的调解办法。在历史文化中，金银器只是沧海一粟，却初步回答了哪些是通过丝绸之路输入的外国物品，输入物品来自哪些国家和地区及其特征的问题。而唐代的仿制和创新器物也回答了中国接受了哪些外来文化，为什么会做出那些选择，外来文化因素与中国文化是怎样重新搭配组合的问题。小小的器物的改变，反映出“胡汉”交融及汉唐文化的转变这一宏大的背景。

注释

[1] 广州市文物管理委员会等.西汉南越王墓.北京：文物出版社，1991。

[2] 山东省淄博市博物馆.西汉齐王墓随葬器物坑.考古学报，1985（2）。

[3] 两件银盒是外来品学界无争议，但分别被认为来自波斯和安息。齐东方.唐以前外国输入的金银器//唐代金银器研究.北京：中国社会科学出版社.1999：248~251；孙机.凸瓣纹银器与水波纹银器//中国圣火：中国古文物与东西文化交流中的若干问题.沈阳：辽宁教育出版社，1996：139~155。

[4] 中国文物报社编.发现中国：2005年100个重要考古新发现.北京：学苑出版社，2006。

[5] 初师宾.甘肃靖远新出东罗马鎏金银盘考略.文物，1990（5）。

[6]［日］石渡美江 . 甘肃靖远出土鎏金银盘の图像と年代// *Bulletin of The Ancient Orient Museum*, Volume XIII, 1992。

[7] 林良一 . 东洋美术的装饰纹样——植物纹样编 . 京都：同朋舍，1992：297。

[8] 对于这件器物的来源有几种看法："来自安息"，"今叙利亚一带的罗马时期制品"，"新疆制作的年代最早的银容器"，"中亚地区输入的器物"。青海省文物考古研究所 . 上孙家寨汉晋墓 . 北京：文物出版社，1993：220；中国国家博物馆编 . 华夏之路（第二册）. 北京：朝华出版社，1997：283；孙机 . 大通银壶考 . 中国历史文物，2002（3）；齐东方 . 唐代金银器研究 . 北京：中国社会科学出版社，1999：253。

[9] 凤翔县博物馆 . 陕西凤翔县上郭店村出土的春秋时期文物 . 考古与文物，2005（1）；浙江省文物管理委员会等 . 绍兴 306 号战国墓发掘简报 . 文物，1984（1）；湖北省博物馆 . 曾侯乙墓 . 北京：文物出版社，1989。

[10] 南京博物院 . 江苏邗江甘泉 2 号汉墓 . 文物，1981（11）。

[11] 广西壮族自治区文物工作队，合浦县博物馆 . 合浦风门岭汉墓 . 北京：科学出版社，2006。

[12] 岑蕊 . 试论东汉魏晋墓葬中的多面金珠用途及其源流 . 考古与文物，1990（3）。

[13] 云南省博物馆 . 云南晋宁石寨山古墓群发掘报告 . 北京：文物出版社，1959。

[14] 定县博物馆 . 河北定县 43 号汉墓发掘简报 . 文物，1973（11）。

[15] 刘云涛 . 山东莒县双合村汉墓 . 文物，1999（12）。

[16] 遂溪县博物馆 . 广东遂溪县发现南朝窖藏金银器 . 考古，

1986（3）；姜伯勤.广州与海上丝绸之路上的伊兰人：论遂溪的考古新发现//论广州与海上丝绸之路.广州：中山大学出版社，1993。

[17]安英新.新疆伊犁昭苏县古墓葬出土金银器等珍贵文物.文物，1999（9）。

[18]波马出土文物的时代和族属有两种看法：一种认为下限为6世纪、7世纪前后，部分器物的上限年代可能较早，应为西突厥的遗物；另一种观点认为时代不应晚到公元5世纪以后，可能属于悦般国的遗物。有些器物的装饰特征，有人认为可能与拜占庭艺术有关。安英新.伊犁出土的金银器.东南文化，2000（4）；于志勇.新疆昭苏西突厥黄金宝藏.文物天地，2000（2）；于志勇.白山器饰宝藏——新疆昭苏黄金遗宝.吐鲁番学研究.2000（1）；王炳华.新疆波马金银器.吐鲁番学研究，2004（1）；林英.新疆波马出土的虎柄金杯中的拜占庭因素//艺术史研究（第3辑）.广州：中山大学出版社，2001。

[19][日]朝日新闻社文化企画局东京企画第一部编.楼兰王国と悠久の美女.东京：朝日新闻社，1988。

[20][日]曾布川宽监修.中国美の十字路.东京：株式会社东京印书馆，2005。

[21]宁夏回族自治区博物馆等.宁夏固原北周李贤夫妇墓发掘简报.文物，1985（11）。

[22]B. L. パルツャク、穴光.北周李贤夫とその妻银制水瓶について.古代文化（41卷4号），1989。

[23]吴焯.北周李贤墓出鎏金银壶考.文物，1987（5）；孙机.固原北魏漆棺画//中国圣火.沈阳：辽宁教育出版社，1996；罗丰.北周李贤墓中亚风格的鎏金银瓶//胡汉之间——“丝绸之路”与西北历史考

古 . 北京：文物出版社，2004 ：105。

［24］山西考古研究所等 . 大同南郊北魏墓群发掘简报 . 文物，1992（8）。

［25］齐东方 . 萨珊式银多曲长杯在中国的演变 // 唐代金银器研究 . 北京：中国社会科学出版社，1999。

［26］山西考古研究所等 . 大同南郊北魏墓群发掘简报 . 文物，1992（8）。

［27］齐东方 . 唐代以前外国输入的金银器 // 唐代金银器研究 . 北京：中国社会科学出版社，1999。

［28］马玉基 . 大同市小站村花圪塔台北魏墓清理简报 . 文物，1983（8）。

［29］石家庄地区革委会文化局文物发掘组 . 河北赞皇东魏李希宗墓 . 考古，1977（6）。

［30］福州市文物管理局 . 福州文物集粹 . 福州：福建人民出版社，1999。

［31］马玉基 . 大同市小站村花圪塔台北魏墓清理简报 . 文物，1983（8）。

［32］齐东方 . 李家营子出土的银器与草原丝绸之路上的粟特人 // 唐代金银器研究 . 北京：中国社会科学出版社，1999。

［33］《唐六典》卷 7《尚书工部》载："少府监匠一万九千八百五十人，将作监匠一万五千人，散出诸州，皆取材力强壮，技能工巧者，不得隐巧补拙，避重就轻。其驱役不尽及别有和雇者，征资市轻货纳于少府、将作监。其巧手内供者，不得纳资。有阙则先补工巧业子弟，一入工匠后，不得别入诸色。"中华书局，1992 年版。

［34］《太平御览》卷 758 引《前凉录》云："张轨时，西胡致金胡瓶，皆拂菻作，奇状，并人高，二枚。"此条又见《十六国春秋》卷 72："是时西胡致金胡瓶，皆拂菻作，奇状，并人高，二枚。"《太平御览》卷 758 引《西域记》云："疏勒王致魏文帝金胡瓶二枚，银胡瓶二枚。"中华书局，1985 年版。

［35］陕西省考古研究所 . 西安北周安伽墓 . 北京：文物出版社，2003；西安市文物考古所 . 西安北周凉州萨保史君墓发掘简报 . 文物，2005（3）。

汉代西域艺术中的希腊文化因素

林梅村

一、前言

希腊雄主亚历山大戎马一生，在位13年间，转战埃及、波斯、中亚乃至印度河上游，在世界历史上建立了第一个横跨欧、亚、非三大洲的庞大帝国。公元前323年，亚历山大因疟疾死于巴比伦。尽管亚历山大征服世界的霸业未成，但是他的远征军把希腊文化带到了东方。希腊人在东方建造了许多移民城市，通称“亚历山大城”（Alexandria）。文献记载的亚历山大城有七十多座，目前的考古调查已发现其中四十多座。《汉书·西域传》提到的“乌弋山离”“蓝市城”等，即中亚地区的“亚历山大城”。希腊人在大夏（今阿富汗西北、乌兹别克斯坦东南和塔吉克斯坦西南）和犍陀罗（今巴基斯坦白沙瓦）等地定居后，中亚出现了一个希腊化世界（Hellenistic World）。[1]希腊移民主要来自爱奥尼亚滨海地区，印度人称其为“耶槃那人”。希腊人酷爱艺术，他们传入犍陀罗地区的古典艺术，与中亚和北印度艺术相互影响，相互融合，最终在公元前1世纪形成了犍陀罗佛教美术。[2]

新疆古称“西域”。希腊文化随犍陀罗艺术继续向东传播，向东最远一直传播到新疆塔里木盆地的西域城邦诸国。[3]早在19世纪末，西方探险家就在新疆塔克拉玛干沙漠古城发现了希腊风格的壁画和艺术品，年代集中在公元前1世纪至公元2世纪。凡此表明，张骞通西域不久，尤其是佛教兴起之后，西域诸国成了世界各大文明交织荟萃之地。近年新疆考古不断发现希腊艺术风格的壁画和纺织品，但是至今缺乏系统研究。本文将在前人的研究基础上，探讨汉代西域艺术所见的希腊文化因素。

二、米兰壁画的“有翼天使”

米兰是新疆塔里木盆地东南一个沙漠绿洲，汉代称“伊循”。1907年，英国考古学家斯坦因（M. A. Stein）在米兰荒漠发现佛教遗迹，今称“米兰佛寺遗址”。

这所寺院分布有两大建筑群：早期建筑群集中在遗址东边，建筑结构和壁画风格明显受贵霜王朝晚期（2世纪至3世纪）犍陀罗艺术的影响；晚期建筑群分布在西边，建筑结构和雕塑技法主要受笈多王朝（4世纪至5世纪）印度艺术以及塔里木盆地西部于阗艺术的影响。

米兰佛寺的希腊文化因素主要见于早期建筑遗迹，其中最突出的一个实例，就是米兰壁画上的“有翼天使”像。斯坦因在米兰一共发现六幅“有翼天使”像，皆为佛画装饰。[4]1989年，米兰附近居民又发现两幅“有翼天使”壁画。据新疆文物考古研究所前所长王炳华调查，这两幅壁画可能出自斯坦因编号的M.III

遗址。[5]

米兰壁画的“有翼天使”像大致分为两类：第一类是小男孩形象的天使（见图 1、图 2），见于 M.III 号寺院；第二类是年轻女子形象的天使（见图 3），见于 M.V 号寺院。正如斯坦因指出的，第一类天使仿效希腊神话中有翼爱神厄洛斯（Eros），相当于罗马神话中的丘比特（Cupid）；第二类天使究竟是哪一位希腊神话人物，斯坦因没具体说明。其实，这类天使形象借鉴了希腊美神阿芙罗狄蒂（Aphrodite）像，相当于罗马神话的维纳斯（Venus）。据说阿芙罗狄蒂掌管人类的爱情、婚姻、生育以及一切动植物的繁育和生长。

图1　米兰壁画上的“有翼天使”——小男孩形象

图 2　米兰壁画上的“有翼天使”——另一小男孩形象

图 3　米兰壁画上的“有翼天使”——年轻女子形象

斯坦因试图在近东基督教艺术中寻找米兰壁画“有翼天使”的艺术源泉，但他没有提供令人信服的证据。在中亚犍陀罗艺术品中，我们经常见到希腊神话人物厄洛斯和阿芙罗狄蒂的艺术形象。尽管这两位希腊神话人物都带有双翼，但是厄洛斯为小男孩形象（见图4），阿芙罗狄蒂为年轻女子形象[6]（见图5），两者不难相互区别。我们似乎不必舍近求远，应该在犍陀罗艺术中寻找米兰壁画“有翼天使”像的艺术来源。

图4 犍陀罗艺术中的厄洛斯形象

图5 年轻女子形象的阿芙罗狄蒂像

希腊爱神厄洛斯的形象活泼可爱，广泛用于西域早期佛教艺术中。20世纪初，日本大谷光瑞考察队在新疆库车某佛寺遗址采集到一个制作精美的佛教舍利盒，上面用希腊爱神厄洛斯作为装饰图案（见图6）。这个厄洛斯采用裸体小男孩形象，身插双翼，表现手法与米兰壁画中的厄洛斯像，

图 6 库车舍利盒上的厄洛斯像

尤其是头发式样如出一辙。不过，库车舍利盒绘有联珠纹图像，而联珠纹是萨珊波斯艺术的典型纹饰，阿富汗巴米扬佛教石窟寺的壁画便流行这种纹饰，时代不早于3世纪。[7]库车古称“龟兹”。看来，希腊爱神厄洛斯的艺术形象源远流长，汉代以后仍用于龟兹佛教艺术。

三、汉代西域艺术中的希腊爱神厄洛斯

米兰壁画上还有一种裸体小男孩像，头发式样与米兰壁画的“有翼天使”像完全相同，只是不带双翼。斯坦因引证犍陀罗浮雕，认为这种无翼裸体小男孩亦为希腊爱神厄洛斯。在犍陀罗艺术品中，一些佛像或供养人像之间往往穿插厄洛斯像，表现形式为无翼裸体小男孩形象。米兰壁画显然借鉴了犍陀罗艺术表现手法，也在佛像或供养人像之间穿插无翼裸体小男孩像（见图 7）。

在近年新发现的西域艺术品中，还有一件希腊艺术风格的毛

图 7　古代中亚艺术中裸体小男孩形象的厄洛斯像

织物，1995 年在尉犁县孔雀河南岸营盘古城附近古墓（15 号墓）中发现。由于这座墓的形制和随葬品与斯坦因在楼兰 LC 墓地发现的东汉墓相似，所以发掘者将其年代定在东汉晚期。[8] 据《汉书·西域传》，孔雀河上游在汉代属于墨山国境域，东汉末被焉耆国兼并。因此，这件具有希腊罗马艺术风格的长袍属于汉代墨山国遗物。

令人震惊的是，这件红色长袍居然用希腊爱神厄洛斯作为主题图案（见图 8）。在古典艺术中，厄洛斯常以裸体小男孩形象出现，手持弓箭或魔杖（Kerykeion）在天空飞翔。据说谁中了厄洛斯的金箭或魔杖，就会获得爱情；谁中了他的铅箭，就会失去爱情。墨山国贵族长袍主题图案讲述的正是这个神话故事，其中厄洛斯的形象和埃米塔什博物馆藏公元前 490 年的希腊陶器上带翼厄洛斯像相似，不同的是，墨山长袍上的厄洛斯手持箭杆，而希腊陶器上的厄洛斯手持魔杖[9]（见图 9）。另一方面，这件长袍上的裸体小男孩的发式与米兰或库车等地流行的西域艺术中厄洛斯的发式不同，采用古典艺术或犍陀罗艺术中厄洛斯像的表现形式。可见这件长袍显然来自大夏或犍陀罗等希腊化世界，并非西域本

图 8　墨山国东汉墓出土的厄洛斯像长袍

图 9　埃米塔什博物馆藏的希腊陶器上的厄洛斯像

地艺术品。

人们简直难以相信，如此典型的希腊艺术品竟然出自遥远的中亚荒漠。这个重要发现公布后，立即在国际艺术史学界引起轰动，并被评选为当年中国考古十大发现之一。

1. 米兰佛画上的希腊神话

在犍陀罗艺术影响下，米兰佛画许多纹饰取材于古典艺术。希腊神话是古典艺术生存的土壤，赋予希腊艺术家更为广阔的艺术遐想空间。在 M.V 号佛寺壁画上，有一幅画取材于某个希腊神话，斯坦因在考古报告中刊布了这幅画的黑白照片（见图 10），并在他的考古报告《西域》第 1 卷中介绍说：

图 10　取材于希腊神话的米兰壁画

> 我们看到画中有一个青年男子像，身强体壮，肌肉发达，显然赤身裸体，右手持一棍棒，正在和一只怪兽搏斗。怪兽借势向他猛扑过去。令人遗憾的是，由于墙皮剥落，怪兽的头部毁灭无存，但是怪兽的身体部分十分清楚，采用狮身，轮廓完美，尾巴和翅膀弯曲。毋庸置疑，这是一头古典翼狮像怪兽。众所周知，这种怪兽自古以来就是西亚和希腊艺术流行的主题。在犍陀罗浮雕中，有大量装饰主题直接从其借鉴而来，虽然犍陀罗地区流行海马（即海神，下半身像鱼，有一个海螺壳）、半人半鱼怪物以及其他更为怪诞离奇的动物。它后面细长的脖子和扇贝形棕毛，暗示出残缺的头像应该是一个鹰头，这就更像一只古典翼狮的形象。[10]

从斯坦因的描述看，他显然不清楚这幅画究竟取材于哪一个希腊神话。其实，斯坦因所谓“古典的翼狮像”应是希腊神话中的格里芬（Griffin），以守护黄金宝藏而著称；那个手持棍棒与格里芬搏斗的裸体青年男子，则是希腊神话中的阿里马斯皮人（Arimaspi）。这幅画属于装饰画性质，讲述希腊神话中阿里玛斯帕与格里芬搏斗的故事，与米兰佛画的宗教主题无关。

希腊神话人物阿里玛斯帕，或译“独目人”。有些研究者望文生义，把中亚岩画上的独眼人像都说成是希腊神话的独目人，这是毫无根据的。其实，阿里玛斯帕只是中亚草原一个蛮族部落的斯基泰语名称，意谓“孤独的守望者”，并不表明该部落居民只有一只眼睛。[11]

阿里玛斯帕大战格里芬取材于希腊诗人阿里斯忒阿斯（Aristeas）的长篇叙事诗《独目人》。这位诗人曾在公元前 7 世纪后期漫游中亚，寻访了当地的伊塞顿部落。他从当地人那里听说，中亚草原有个“富有马匹”的阿里玛斯帕部落，为了争夺阿尔泰山的黄金资源，经常与看守黄金宝藏的格里芬人发生激烈冲突。回国不久，阿里斯忒阿斯创作了长篇叙事诗《独目人》。希腊作家希罗多德讲述中亚草原部落的历史便参考了这首叙事诗。[12]这个故事后来进入希腊神话，希腊艺术家常以此为题材创作艺术品。

圣彼得堡艾米塔什博物馆收藏的一个希腊金冠浮雕（见图 11）也取材于这个神话[13]。据说这个金冠是希腊神庙中祭祀谷物的女神得墨忒耳（Demeter）的女祭司华丽头饰上的装饰物，出土于黑海与亚速海之间的塔曼半岛的博尔沙雅·博里兹尼查（Bolshaya Bliznitsa）墓地，时代在公元前 4 世纪后半叶。

这顶金冠的制作工艺完全按照古典艺术传统，可能出自博斯

图 11　希腊金器上的阿里玛斯帕人大战格里芬浮雕

普鲁斯某位艺术大师之手。上面每一个艺术形象都用高浮雕手法精心制作而成，并用别针一一固定在金冠上，冠上组合的黄金浮雕多达 30 片。金冠下缘用几何纹和玫瑰纹镶边，花纹当中还镶嵌有蓝色珐琅；金冠上缘用鹅卵纹和镖头纹镶边。主题图案为连环画式希腊神话故事浮雕，正中浮雕是格里芬像，狮身、鹰嘴、双翼；右边浮雕为格里芬扑向一个裸体青年男子，赤足裸体表示此人像尚未开化的蛮族，也即希腊神话中蛮族青年阿里玛斯帕的形象；左边浮雕亦为赤足裸体的青年男子，手持棍棒，跪在地上与格里芬搏斗。这组浮雕和米兰佛画上的希腊神话装饰画非常相似，无疑表现的是同一艺术主题。不同的是，米兰壁画上的阿里玛斯帕像为立像，而希腊金冠上的阿里玛斯帕像则为跪像。

2. 精绝国汉墓出土的希腊神话残画

无独有偶，塔克拉玛干沙漠腹地的尼雅遗址附近汉代墓地也发现阿里玛斯帕与格里芬搏斗的艺术品，可惜长期以来一直无人辨识。1959 年，新疆博物馆考古队在尼雅遗址附近发现了一座古墓，墓中随葬“君宜高官”铜镜、“延年益寿大宜子孙”锦和“万事如意”锦等具有显著年代标志的文物，发掘者将其年代断在东汉。据《汉书·西域传》，汉代精绝国位于尼雅河流域，东汉末被鄯善国兼并，那么这座古墓属于汉代精绝国遗存。我们感兴趣的是墓中发现的一件蜡染残布画（见图 12），据发掘者描述，其“上端残破处有佛脚、狮尾和蹄形痕迹，下边一条横格中，有长龙、飞鸟，左下角有一半身菩萨（或为供养人）像，裸体露胸，颈与臂上满佩瓔珞，头后有背光，双手捧着一个喇叭口形状的长筒容器，内盛葡萄，侧身向右。残幅 88 厘米 ×77 厘米，其中菩萨半身像高 12 厘米”。[14]

塔里木盆地本来没有棉花，这种经济作物源于印度，丝绸之路开通后，棉花才传入西域。所以研究者都认为尼雅残画并非塔

图 12　精绝国东汉墓出土的希腊艺术风格的残布画

里木盆地本地艺术品，而是从印度或中亚传来的犍陀罗艺术品。至于画上的神像是否为菩萨像，研究者亦持怀疑态度。这幅画上有带有浓厚波斯艺术风格的狮子图案，所以有学者主张画上的神像可能是中亚或西亚人崇祀的女神伊什塔尔（Ishtar）；另一些学者注意到这幅画表现了典型希腊画风格的裸体女性，因而主张是希腊神话中的丰收女神（Tyche）。[15]

笔者在《楼兰》一书中倾向于后一种说法，认为“尽管这幅布画的内容与佛教无关，但是绘画技法受到犍陀罗佛教美术的影响。例如画中女神像不仅绘有背光，还画出头光，凡此皆为典型的佛教艺术表现手法。中亚阿姆河流域的大夏人最早使用这种手法绘制佛像，公元 2 世纪至 3 世纪，大夏寺院喀拉塔佩遗址壁画上的佛像就绘有头光和背光，这和当时犍陀罗佛像只雕刻头光的风格不一样。那么这块蜡染棉布画殆为大夏艺术家在印度棉布上创作的艺术品”。我们还援引犍陀罗地区发现的一件公元前 1 世纪的浮雕银碗，上面装饰有手持盛满葡萄和其他水果的丰收角的希腊丰收女神浮雕。这位女神是希腊主神宙斯之女，相当于罗马神话的福尔图娜（Furtuna）。犍陀罗银碗浮雕上的希腊丰收女神与尼雅残布画的女神像完全相同，后者必为希腊丰收女神像无疑。[16]

由于尼雅布画残损过甚，人们一直不明白这幅画的主题图案表现哪一个艺术题材，现在终于明白，原来它与米兰壁画中的希腊神话一样，讲述的是阿里玛斯帕与格里芬搏斗的故事。不过，萨珊波斯金银器流行波斯王与狮子格斗的题材（见图 13），与古典艺术中阿里玛斯帕大战格里芬的题材非常相似，容易相互混淆。关于两者的区别，我们做了比较分析，尼雅残画上与狮子格

图 13 萨珊波斯王搏狮纹银盘

斗的人物是个赤足者，在古典艺术中，阿里玛斯帕正是赤足裸体的蛮族人形象，而波斯艺术中与狮子格斗的波斯王像则从来没有赤足，也不可能用赤足裸体的蛮族人形象。既然如此，尼雅残画上的狮尾、狮蹄就不是普通的狮尾、狮蹄，而是古典艺术中狮身、鹰首、双翼的格里芬的尾巴和蹄子。那么这幅画的主题图案也就是取材于希腊神话，讲述蛮族青年阿里玛斯帕大战格里芬的故事。米兰佛画上的希腊神话故事，大概根据塔里木盆地流行的这类希腊神话布画绘制而成。不过，我们还应该考虑另一种可能性，这幅画取材于古典艺术常见的希腊英雄赫拉克勒斯（Heracles）斗狮图（见图 14）。[17] 在古典艺术中，希腊神像一般采用裸体形式，所以这个赤足斗狮者也许是赫拉克勒斯。在希腊神话中，赫拉克勒斯

图 14 赫拉克勒斯斗狮图

是个大英雄，是宙斯的一个私生子，相当于罗马神话中的赫丘利（Hercules）。据说他神勇无比，出生不久，天后赫拉就派来两条毒蛇，加害于他，结果被他捏死了。长大成人后，赫拉克勒斯完成了许多英雄业绩。希腊雄主亚历山大自诩是赫拉克勒斯的化身，所以古典艺术中的亚历山大往往被塑造成赫拉克勒斯的形象。[18]因此，这幅残画的主题图案也许用赫拉克勒斯来代表亚历山大。尼雅残布画现存 88 厘米 ×77 厘米，约为原画的六分之一。这幅画原来约有 4 平方米大，相当壮观。从这一点看，第二种假设似乎更为可能。这幅画原来大概是中亚某个希腊神庙的壁面装饰，不知什么原因流落到精绝国境内。

四、楼兰汉墓出土的赫尔美斯像毛织物残片

1906 和 1914 年，英国考古学家斯坦因先后两次到楼兰探险，他将楼兰遗址逐一编号，从 LA 编至 LR，逐步揭开了楼兰古文明的全貌。他在楼兰城郊外 LC 墓地发现过一个希腊艺术风格的人头像毛织物残片（见图 15）。据斯坦因研究，这个人头像应是希腊使者神赫尔美斯（Hermes）的头像。赫尔美斯相当于罗马神话的商业神墨丘利（Mercury）。在希腊神话中，赫尔美斯是众神的使者，手持信物双蛇杖（Caduceus），引导人间亡灵到阴间（见图 16）。在古典艺术中，赫尔美斯还有另一类形象，手持葡萄，引诱怀中的小酒神狄俄尼索斯（Dionysus）。1877 年，德国考古队在奥林匹亚的赫拉神庙发掘出土的赫尔美斯石雕像，就是采用这种表现形式。从艺术风格看，这尊石雕像属于爱奥尼亚式，年

图 15　楼兰汉墓人头像毛织物残片　图 16　希腊神话中的赫尔美斯

代约在公元前 4 世纪。[19]楼兰毛布残画使用的是前一个题材。

斯坦因将这座墓的年代定在公元前 1 世纪至公元 1 世纪，但是不知为什么，他没有彻底清理墓中遗物。[20]1980 年，新疆文物考古研究所楼兰考古队在同一座墓中发掘出汉武帝后期的五铢钱、汉代漆器和写有佉卢文的丝绸残片。据 C-14（经树轮校正）测定，这座墓距今 1880 + 50 年，相当于东汉时期。[21]佉卢文在塔里木盆地的流行始于公元 2 世纪后半叶，那么这座墓当建于东汉晚期。公元前 77 年后，楼兰王将首都迁往车尔臣河流域，易名“鄯善国”，而楼兰本土成了鄯善国北境一个州县。东汉后期，班勇在楼兰建西域长史府，地点就在楼兰 LA 城一带。尽管这座墓出土了许多中原文物，但是墓葬形制与随葬品都表明墓主人是楼兰本地人。那么这件希腊神话人物毛织物残片应属于汉代鄯善国遗物。

五、于阗汉墓出土的希腊神话人物毛织物

1983 年，新疆考古工作者在塔里木盆地南缘和田地区发现一个古代墓地。这个墓地位于洛浦县山普拉乡一个戈壁滩上，1984 年正式发掘，1992 年再次大规模发掘，并陆续刊布发掘简报，最近出版了发掘报告。[22] 值得注意的是，1984 年在山普拉墓地 1 号丛葬墓发掘出许多希腊艺术风格的纺织品。从墓中出土的圜底黑衣陶罐、贵霜早期双耳陶壶、西汉中晚期青铜镜、西汉封简等遗物看，年代当在西汉晚期。据《汉书·西域传》，和田河流域汉代称“于阗”，所以山普拉的希腊艺术风格的纺织品应是汉代于阗国之物。

美国艺术史家玛丽莲·瑞（Marylin Martin Rhie）最先注意到，山普拉蓝色印花棉布上有典型的希腊植物纹（见图 17）。这种纹饰与爱琴海的德罗斯（Delos）岛一个古希腊房址内铺设的马赛克地板的植物纹非常相似（见图 18）。[23] 类似的植物纹饰亦见于希腊北部科林斯遗址的 5 世纪人首马身怪兽马赛克艺术图案[24]（见图 19）。此外，阿富汗东北昆都士附近发现的希腊古城阿伊哈奴姆遗址内马赛克地板（见图 20）也使用这种植物纹。[25] 这

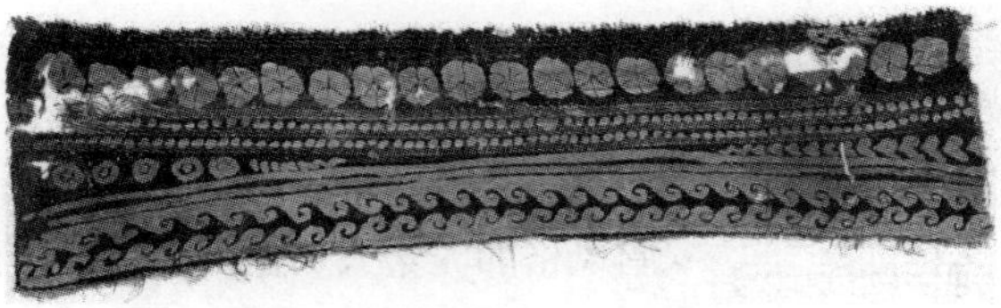

图 17　山普拉蓝色印花棉布图案

图 18　古希腊马赛克地板植物纹

图 19　科林斯遗址马赛克艺术图案

图 20　阿伊哈奴姆遗址马赛克地板图案

座墓还发现一件希腊艺术风格的灯笼裤。裤子展开后，中心图案是个持矛者，周边图案则为人首马身的希腊怪兽。在希腊神话中，涅索斯（Nessus）是个人首马身的怪兽，后来被希腊英雄赫拉克勒斯（Herakles）用毒箭射杀。

据日本国士馆大学伊拉克古代文化研究所考古队调查，伊拉克的古代遗址发现过同样的希腊武士图案的毛织物残片，所出地层属于帕提亚时期（公元前 2 世纪至公元 3 世纪）。[26]

美国艺术史家玛丽莲·瑞还发现这个毛织物上的人像，与中亚河中地区卡尔查延（Khalchayan）遗址出土的 1 世纪的希腊风格的泥塑人头像（见图 21）非常相似。她还注意到日本私人收藏的一个犍陀罗浮雕上有个人首马身雕像（见图 22），与山

图 21 希腊风格的泥塑人头像

图 22 犍陀罗浮雕上的人首马身雕像

普拉毛织物上人首马身怪兽像如出一辙。[27]

亚历山大死后，横跨欧、亚、非三洲的希腊帝国随之瓦解。公元前 305 年占领埃及的托勒密与拥有西亚和中亚的塞琉古皆自立为王，希腊则在留守本土的安提帕特之子卡山德控制之下，从而基本奠定希腊世界三分天下的格局。公元前 2 世纪以后，塞琉古王朝被帕提亚人推翻，大夏的希腊人亦拥兵自立。因此，山普拉希腊艺术风格的毛织物有可能出自帕提亚（史称“安息”）或大夏的希腊艺术家之手。

法国考古学家法兰克福（C. Debaine - Francfort）博士见到山普拉希腊风格的毛织物后，认为画布中心的希腊武士应当是亚历山大像。众所周知，持矛者是古典艺术中的重要题材之一，罗马时代的希腊雕塑家坡力克利特（Polykleitos）以持矛者像为基础写过一本解释艺术创作原理的书籍。在希腊艺术中，持矛者一般为裸体青年男子形象，用来表示希腊神话人物，而身着武士服的持矛者往往用来塑造帝王形象。坡力克利特创作的罗马皇帝奥古斯

（公元前31年至公元14年）铸像就是一个身着武士服的持矛者。[28] 公元前323年在巴比伦发行的希腊银币上，亚历山大像也被塑造成一个持矛者。大英博物馆收藏了一枚这样的希腊银币，据说出自阿姆河北岸布哈拉附近库尔鲁姆（Kullum）遗址。这枚银币上的亚历山大全身披甲，右手持长矛，左手持雷公杆（Thunderbolt），腰佩短剑，天空有胜利女神（Nike）飞翔（见图23）。[29] 据此，山普拉毛织物上身着武士服的持矛者，应是帝王形象，有可能是希腊人崇祀的亚历山大大帝。

图23　希腊银币上身穿武士服的持矛者

六、喀什古遗址出土的希腊艺术风格的黛砚

1977年，新疆喀什附近遗址出土了一个希腊艺术风格的方形浮雕石板，现藏新疆维吾尔自治区博物馆。尽管这件浮雕石板早就被发现了，但是没人知道它的实际用途。2000年5月，俄国考古学家马尔沙克（Boris Marshak）来华访问，帮助鉴定西北各省近年新发现的中亚和西亚文物。他在新疆维吾尔自治区博物馆参观了正在展出的浮雕石板，立即认出这件希腊风格的艺术品应是西域女子化妆用的黛砚（见图24）。

由于化妆品种类不同，中原与西域调制胭脂的用具不尽相同。

图 24 新疆喀什出土的黛砚

先秦女子用米粉化妆，满城 2 号汉墓所出错金朱雀衔环双连豆尚存朱迹，学者孙机以为它是汉代女子调制米粉类胭脂的用具。[30] 西域女子用胡粉化妆，化学成分是一种碱式碳酸铅[31]，并用一种类似砚台的浮雕石板调制化妆品，通称“黛砚”。就目前所知，黛砚最早见于埃及法老墓，大英博物馆藏有一件埃及古王朝后期流行的浮雕黛砚，大约制作于公元前 3500 年。[32] 英国考古学家马歇尔在犍陀罗名城——呾叉始罗遗址发现过许多制作精美的浮雕黛砚，有圆形或方形两种。犍陀罗黛砚往往雕刻希腊神话人物或希腊人狂热的饮酒场面。后一题材屡见于古典艺术，地中海东岸著名希腊遗址——黎巴嫩的斯东（Sidon）遗址就发现过公元前 4 世纪古希腊人饮酒场面的浮雕（见图 25）。[33] 因此，这类化妆用具可能是随亚历山大的希腊远征军从埃及或波斯传入中亚的。

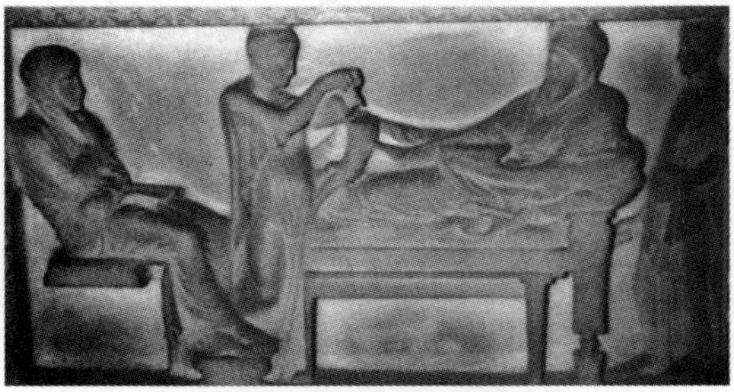

图 25 斯东遗址古希腊人饮酒场面的浮雕

尽管我们没有找到和喀什黛砚完全相同的犍陀罗黛砚，但是希腊人饮酒场面的犍陀罗浮雕发现了不下 10 件，几乎没有重复的，主题都是日常生活中的饮酒场面。马歇尔把它们归为一类，认为是创作于犍陀罗艺术的“童年时期”。[34]喀什黛砚的浮雕图案表现饮酒场面，无疑属于这个时期。1 世纪以后，佛教在中亚兴起，由于佛教禁酒，饮酒场面的浮雕不复流行，那么喀什黛砚的时代为公元前后一个世纪。显然，这个希腊风格的艺术品并非西域本地产物，而是从中亚传入塔里木盆地的犍陀罗艺术品。

丝绸之路开通后，西域胡粉传入中国，深得中原贵族妇女的喜爱。司马相如《美人赋》曰：“芳泽无加，铅华弗御。”张平子《定情赋》曰：“思在面为铅华兮，患离尘而无光。”汉赋所言“铅华”，皆指胡粉而言。新疆山普拉和尼雅汉墓都发现了含铅胡粉，但研磨胡粉的黛砚是头一次在新疆喀什发现。宋玉《登徒子好色赋》形容邻家女子天生丽质，“施粉太白，施朱太赤”。宋玉说的“粉”指白色米粉，而“朱”指朱砂染红的米粉。由于胡粉质地细腻，色泽洁白，便于久藏，很快淘汰了先秦以来中国传统的米粉类化妆品。有趣的是，《后汉书·李固传》提到“（李）固独胡粉饰貌，搔头弄姿”。应劭《汉官仪》记“省中皆胡粉涂壁，画古烈王”。这些记载表明，胡粉在东汉时期已相当普及，不仅士大夫用来化妆，宫廷画师还用来作画。

七、结语

据以上调查，汉代西域艺术中许多纹饰取材于希腊神话人物或希腊动植物，计有厄洛斯、阿芙罗狄蒂、阿里玛斯帕、赫尔美斯、提喀等希腊神话人物像，格里芬、涅索斯等希腊怪兽以及希腊动植物纹样。古代西域艺术中的希腊文化因素主要流行于公元前1世纪至公元2世纪，极大地丰富了汉代中国文明。究其渊源，主要来自犍陀罗艺术，而非斯坦因等学者倡导的源于近东基督教艺术。

传世文献对犍陀罗艺术传入塔里木盆地绿洲国家亦有所述。东汉史官班固在与弟书中，嘱咐驻守塔里木盆地的班超为国戚窦宪购买“月氏马”“苏合香”“毾㲪”等西域特产，并说“月氏氍毹大小相杂，但细好而已”。[35]毾㲪、氍毹皆为西域著名毛织品，“月氏”指中亚贵霜王朝，可见东汉年间在塔里木盆地可以买到贵霜出产的纺织品。那么新疆汉代墓葬出土的希腊艺术风格的棉布和毛织物，当即两汉流行于西域的贵霜纺织品。

汉代以后，希腊风格的艺术品仍流行于塔里木盆地以及丝绸之路沿线古城。新疆克孜尔石窟壁画上就有希腊神话人物赫拉克勒斯像，而尼雅遗址出土的封泥上往往印有雅典娜等希腊神话人物。此外，在甘肃靖远和山西大同等丝绸之路沿线古城还发现过北魏时期的希腊罗马艺术风格的银器和鎏金铜器。这些希腊罗马风格的艺术品或产生于汉代以后，或不是在西域地区发现的，故不在本文讨论范围之内，日后另拟专文讨论。

注释

[1] Robin L. Fox. *The Search for Alexander*. Boston and Toronto: Little, Brown and Company, 1980.

［2］一般认为，犍陀罗佛教美术产生于公元前1世纪。约翰·马歇尔．犍陀罗佛教艺术．王冀青，译．兰州：甘肃教育出版社，1989：17。

［3］“西域”一词，有广义和狭义两个概念：广义指中亚和西亚，狭义指新疆地区。本文所说“西域”皆指新疆而言。

［4］M. A. Stein. *Serindia*. Oxford, 1921：485~547; M. A. Stein. *Innermost Asia*. Oxford, 1928：169~179；林立．米兰佛寺考．考古与文物，2003（3）：47~55。

［5］王炳华．丝绸之路考古研究．乌鲁木齐：新疆人民出版社，1993：22~24。

［6］F. R. Allchin and J. Cribb et al., *The Crossroad of Asia*. Cambridge: The Ancient India and Iran Trust, 1992：21 & 95; 樋口隆康，等编．パキスタン．ガンダーラ美术展览图录．东京：日本放送协会，1984：94。

［7］矢代幸雄，等编．东京国立博物馆II／／世界の美术（卷13）．东京：讲谈社，1996，图版109；穆舜英，等编．中国新疆古代艺术．乌鲁木齐：新疆美术摄影出版社，1994：82。

［8］新疆文物考古研究所．尉犁县营盘15号墓发掘简报．新疆文物，1998（2）：1~11。

［9］林梅村．墨山国贵族宝藏的重大发现／／古道西风．北京：三联书店，2000：194~209；新潟县近代美术馆，大阪市教育委员会，等编．エルミターヅユ美术馆名品展．东京：日本经济新闻社，2001（73）。

［10］M. A. Stein. *Serindia*, vol.1. 485~547.

［11］林梅村．阿尔泰山和天山的大石中冢．欧亚学刊（3）．北京：中华书局，2002：101~105。

［12］孙培良．斯基泰贸易之路和古代中亚传说／／朱杰勤主编．中

外关系史论丛（第 1 辑）. 北京：世界知识出版社，1985：10~11。

[13] 埃米塔什博物馆网站：www.hermitagemuseum.org/ html_En/03/ hm3_1_5d.html。

[14] 李遇春 . 新疆民丰县北大沙漠中古遗址墓葬区东汉合葬墓清理简报 . 文物，1960（6）；李遇春 . 尼雅遗址和东汉合葬墓//韩翔，王炳华，等编 . 尼雅考古资料 . 乌鲁木齐，1988：16~43。

[15] H.-J. Klimkeit. *Die Seidenstra Be*. K.ln: DuMont Buchverlag, 1988：48~49.

[16] 林梅村 . 楼兰 . 北京：中央党校出版社，1999：118~119；F. R. Allchin and J. Cribb et al., *The Crossroad of Asia*, 91~94。

[17] Robin L. Fox. *The Search for Alexander*. Boston and Toronto: Little, Brown and Company, 1980：184.

[18] 邢义田 . 赫拉克利斯（Heracles）在东方：其形象在古代中亚、印度与中国造型艺术中的流播与变形//荣新江，李孝聪，编 . 中外关系史：新史料与新问题 . 北京：科学出版社，2004。

[19] William R. Biers. *The Archaeology of Greece: An Introduction*. Ithaca and London: Cornell University, 1980：257.

[20] M.A. Stein. *Innermost Asia*. vol.1：238~235.

[21] 新疆文物考古研究所楼兰考古队 . 楼兰城郊古墓群发掘简报 . 文物，1988（7）：23~29。

[22] 新疆维吾尔自治区博物馆，新疆文物考古研究所，编 . 中国新疆山普拉 . 乌鲁木齐：新疆人民出版社，2001。

[23] Marylin Martin Rhie. *Early Buddhist Art of China and Central Asia* . E.J. Brill, 1999；新疆博物馆，新疆文物考古研究所，编 . 中国新疆山普拉 .

乌鲁木齐：新疆人民出版社，2001。

［24］William R. Biers. *The Archaeology of Greece: An Introduction.*

［25］Robin L. Fox. *The Search for Alexander*.

［26］藤井秀夫，编 .At-Tar 发掘报告 . 东京：国士馆大学イラケ古代文化研究所，1976：2~14 、120~130。

［27］Marylin Martin Rhie. *Early Buddhist Art of China and Central Asia,* vol.1.

［28］伍德福特，等著 . 剑桥艺术史 . 罗通秀，等译 . 北京：中国青年出版社，1990：39~42 、133。

［29］F.R. Allchin and J. Cribb et al. *The Crossroad of Asia.*

［30］孙机 . 汉代物质文化资料图说 . 北京：文物出版社，1991：262。

［31］王奎克 . 古代炼丹术中的化学成就 // 自然科学史研究所，主编 . 中国古代科技成就 . 北京：中国青年出版社，1978：236。

［32］世田谷美术馆，日本放送协会，等编 . 大英博物馆艺术与人间展 . 东京：日本放送会、朝日新闻社，1990：61。

［33］Robin L. Fox. *The Search for Alexander.*

［34］约翰·马歇尔 . 犍陀罗佛教艺术 . 王冀青，译 . 兰州：甘肃教育出版社，1989：34~40 。

［35］严可均，辑 . 全上古三代秦汉三国六朝文（第 1 册）. 北京：中华书局，1965 ：609。

唐代的豹猎
——文化传播的一个实例

张广达

一、前言

2000 年 5 月 至 7 月，陕西省考古研究所对西安市北郊大明宫乡的北周安伽（卒于北周静帝大象元年，即 579 年）墓进行了抢救性的发掘，出土了令世人瞩目的珍贵文物——浅浮雕贴金彩绘围屏石榻。《考古与文物》2000 年第 6 期刊登了该墓的发掘简报《西安北郊北周安伽墓发掘简报》，介绍了该墓的墓葬结构、发掘情况和部分出土文物。差不多同一时间，陕西省考古研究所的另一份发掘简报《西安发现的北周安伽墓》以及韩伟的论文《北周安伽墓围屏石榻之相关问题浅见》一道发表于《文物》2001 年第 1 期，向中外学术界着重介绍了该墓出土文物，并对石榻围屏的 12 幅浅浮雕贴金彩绘做了深入的研究。在这批宝贵的彩绘中，石榻左、右侧屏上的狩猎图[1]，提供了值得进一步深入研究的形象资料。

在同一期《文物》上，山西省考古研究所发表了《太原隋代虞弘墓清理简报》，虞弘下葬于隋文帝开皇十二年（592），其中椁壁浮雕有多幅射猎图，描绘人兽之间或兽兽之间激烈格斗的场面，有些反映西亚或中亚前一时期的某些传说或神话故事。浮雕写实而且传神，其中的助猎动物的头型特别值得注意，有三只不带颈圈的犬和六只带颈圈的犬，有可能是西亚的灰狗或灰灵狗（阿拉伯语 salūqī，源于也门方言的 saluq，即今英语中的 Greyhound）类。在椁壁浮雕之四的下方有一只奔跑中的动物[2]，长着不分叉的长角，可能是鹿，也可能是西亚的巨角野山羊之类的动物。

安伽墓和虞弘墓中的狩猎图以及其他浮雕中的动物形象有着丰富的中外文化交流的内涵，不禁令人联想到盛唐留下的许多可以作为中外文化交流见证的宝贵文物。对比两个时期形象资料之异同，也使我们更加了解盛唐文化交流的情况。

1997 年 12 月 7 日，在美国柏克莱加州大学举行的中亚丝绸之路研究近况国际学术讨论会上，在古都西安从事考古文物工作三十多年的韩保全做了题为《西域文明对唐代贵族生活的影响》的学术报告，提供了见证唐代中外文化交流的丰富实例。韩保全的另一著作《唐金乡县主墓彩绘陶俑》[3]，内有论文《从金乡县主墓出土陶俑看西域文明对唐代贵族生活的影响》，文后有 154 幅彩色图片，展示了金乡县主墓葬中出土的大部分陶俑。金乡县主（652—722）是唐高祖李渊的孙女，是以骄纵不法著称的滕王李元婴的女儿。唐朝的制度规定，“王之女封县主，视正二品”，金乡县主的封号正符合她的身份。[4]这些陶俑图片包括文官俑、武官俑、各种姿态的男女侍从俑、演奏各种乐器的歌舞俑、敲击鼓吹的仪仗俑、表演各种绝技的杂技俑等，从多方面展现了唐代贵族生活的场景。皇帝的孙女死后葬仪具有如此规模，唐代贵族群体生活的豪华可见一斑。

值得注意的是金乡县主墓出土的一系列狩猎陶俑，其中有两件彩绘骑马“抱犬”狩猎男胡俑，两件彩绘骑马“架鹰”狩猎男胡俑，一件彩绘骑马“带豹”狩猎男胡俑[5]（见图1），一件彩绘骑马“带猞猁”狩猎女俑[6]（见图2）。这些狩猎陶俑显示，猎师所携带的“犬”“鹰”“豹”“猞猁”等动物，都是经过训练用来辅助狩猎的动物。本文将着重探讨上述彩绘陶俑中的骑马“带豹”狩猎男胡俑和彩绘骑马“带猞猁”狩猎女俑，与安伽墓和虞弘墓的彩绘狩猎图相比，它们反映出唐代贵族狩猎有了“豹猎”和“猞猁猎”的方式。而且，两者并非孤证，还有其他类例可以对此作出证明，其中关于豹的有：

其一，1960年于陕西乾县乾陵镇发掘的迁窆于中宗神龙二年

图1 金乡县主墓出土的彩绘骑马“带豹”狩猎男胡俑

图2 金乡县主墓出土的彩绘骑马“带猞猁”狩猎女俑

图 3 永泰公主墓出土的彩绘骑马“带豹”狩猎胡俑

（706）的永泰公主李仙蕙（684—701）墓中的一件彩色骑马胡俑（见图 3），一头猎豹正向胡俑坐骑的臀部跳，以回到它的坐鞯。

其二，1971 年于乾县乾陵镇发掘的迁窆于唐中宗神龙二年的唐代懿德太子李重润（682—701）墓壁画中，驯豹师旁有猎豹并行的场面（见图 4）。

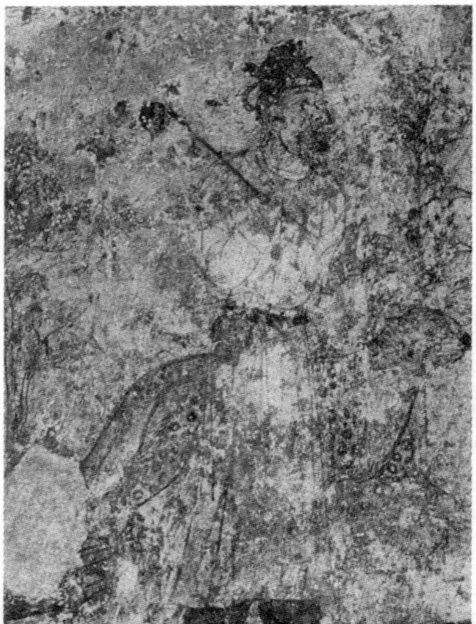

图 4 懿德太子李重润墓壁画中的驯豹图

至于猞猁，同是 1971 年于乾县乾陵乡发掘的迁窆于中宗神龙二年、因景云二年（711）追赠为章怀太子而重葬的李贤（654—684）墓壁画中，一位骑士坐骑后蹲踞着猞猁（见图 5）。

中宗复辟后，追赠武后时期因逆旨拂意而诛不缘罪的皇族成员，陪陵重葬。李重润被追赠为太子，按唐初

图 5　章怀太子李贤墓壁画中的骑马“带猞猁”狩猎图

以来几度修礼规格，壁画上有豹僮为他驯养猎豹的场面易于理解；永泰公主本为郡主，中宗复位后追赠这位爱女为公主，特恩号其墓为陵[7]，葬仪比照陵寝规格也有猎豹胡俑，同样可以得到合理的解释。而金乡县主只不过是皇帝的孙女，以视正二品而也有胡人为她伺候猎豹，似乎表明驯豹在当时的贵族中已相当普及。

看来，就像唐朝贵族热衷于打马球一样，在狩猎中，除了使用传统的鹰猎、犬猎之外，豹猎和猞猁猎亦为宫廷贵族所酷爱。种种迹象表明，若不是豹猎和猞猁猎成为风尚，贵族男女醉心于此，相应的表现不会在追赠的太子和追赠的公主的随葬陶俑和墓室壁画中占如此重要的位置。

细加追索，这种风尚由来已久。在古代的西亚北非，在中世纪的伊斯兰世界，在宫廷和王公贵族豪华铺张的生活中，主要的消遣是狩猎、跑马和掷骰，其后又有马球、斗鸡等。使用驯兽骑马追猎正是诸多狩猎方式中广泛流行的方式，而豹猎和猞猁猎又是追猎中最富于刺激性、使贵族男女陷于狂热的两种。唐代作为当时一个国际性的帝国，豹猎和猞猁猎的传来，与马球、胡旋舞等一样，是风靡一时的外来胡风的组成部分。安伽墓和虞弘墓的狩猎图更让我们认识到，主要由于粟特人的引介，西亚狩猎的诸多方式，自北周以来不断传入中原。

二、唐代出土猎豹图像与域外的关系

以下根据文物和文献对中原与西亚交往的这一侧面略作考察。囿于文献，有关豹猎的叙述略为充分，对于猞猁猎只能间或涉及。

金乡公主墓的彩绘骑马“带豹”男胡俑座后的圆形褥垫上戴颈圈的猎豹俑，唐代懿德太子李重润的壁画中的驯豹图，永泰公主墓中的猎豹俑，不禁使人们联想到域外的同类形象。

（1）埃及底比斯（Thebes）约公元前 15 世纪的 Rekhmere 墓出土的外族进贡图，法老托特美斯三世（Thothmes Ⅲ，约公元前 1501—公元前 1477）和古埃及第十八王朝 Meryra 墓中的绘画都有相似的猎豹形象；（2）10 世纪末 11 世纪初埃及法蒂玛朝一具瓷杯上有豹师和他的奇塔豹像；（3）你沙不儿（Nishapur）出土的撒曼王朝（Sāmānids, 819—999）的一件素底多彩碗上，有猎豹窜上马座鞯图像；（4）1232 年摩苏尔（Mosul）匠人 Shuja‘ibn Man‘ah 手制的黄铜水壶上的多幅镶嵌图之一便为骑士图，骑士的马后座蹲踞着一头猎豹；（5）此外，人们也联想到，在花剌子模出土的 11 世纪 或 12 世纪铜镜上的带狗架鹰骑士座后也有蹲坐着的猎兽，不过，由于后者形象模糊，它可能是猎豹，也可能是猞猁；（6）这种在骑士后蹲坐着猎豹或牵有猎豹伴行、猎豹袭击野物的图像还大量见于 16 世纪印度莫卧儿王朝（Moghul / Mughal, 1526—1857）的阿克巴大帝（Akbar, 1542—1605）的《阿克巴事纪》（*Akbar Nāma*）一书多种版本中的插图。以上拣选的若干实物图像表明，人们使用猎豹的历史悠久，有三千年以上，地域辽阔，遍及东北非洲、西亚、中亚、印度。

据《新唐书》卷 221 下《西域传》下“东安国”条记载：“开元十四年（726）其王笃萨波提（*twγ'sp'δ'k）遣其弟阿悉烂达拂耽发黎来朝，纳马豹。”[8] 又，同书同卷“史国”条：“开元十五年（727）君阿忽心多（”γwrpt）献舞女、文豹。”[9] 以上两条史文，又见于《册府元龟》卷 971。根据《册府元龟》卷 971 “外臣部朝贡四”以及《唐会要》卷 99 等所记资料，唐代九姓胡、天竺、大食等在玄宗开元、天宝时期进贡猎豹的情况如下：[10]

开元八年（720）	南天竺献豹等
开元十四年（726）二月	安国献雌雄豹各一
开元十四年（726）五月	安国献马豹
开元十四年（726）十一月	康国献豹
开元十五年（727）五月	康国献胡旋女子及豹
开元十五年（727）五月	史国献胡旋女子及豹
开元十五年（727）七月	史国王阿忽必多遣使献

	胡旋女子及豹
开元十七年（729）正月	米国献胡旋女子三人及豹、狮子各一
天宝六载（747）五月	大食国王遣使献豹六，波斯国王遣使献豹四
天宝十载（751）二月	宁远国（Ferghana）奉化王献马二十二匹及豹、天狗各一

比较《新唐书》卷221下和《册府元龟》卷971的“开元十五年史国”同条史文，一作“文豹”，一径作“豹”，可见《册府元龟》诸条所记之豹，可以理解其所指为文豹。至于上文开元十四年安国所献“马豹”，既可以理解为驮在马上的文豹，也可以读作马、豹，分指两物。文豹之得名，或因其皮毛的花纹，或因其性格的温良，详见下文。

三、猎豹的传入

长期以来，学者更多注意西域诸国向唐朝进贡狮子、马、骆驼等动物的记载，对豹只是间或涉及。1963年，谢弗（Edward H. Schafer / 薛爱华）的《撒马尔罕的金桃——唐朝的舶来品研究》一书问世，书中提到猎豹，明确标出这是亚洲产奇塔豹（cheetah）。[11] 1993年，日本山阳学园短期大学的藤井纯夫先生在《论〈册府元龟·外臣部朝贡篇〉所见西域诸国贡献的动物——豹》[12]一文中，详细地论证了这种列入贡品的豹就是西亚各国狩猎所使用的一种驯兽，即名叫“奇塔”（cita / cheetah）的一种豹子。我们现在把中亚献纳物品中的豹定名为“文豹”，而文豹应当就是用于狩猎的奇塔豹，当无大谬。这也就可以解释名为“奇塔”的文豹为什么总是与胡旋女放到一起作为贡品的原因。

开元天宝之际，是唐与大食两大强国的国力交相辉映的时代。天宝六载（747）前后，正值大食国王第十四代哈里发玛尔旺二世（Marwān II , 744—750）在位。至于波斯国王遣使献豹，是时萨珊王朝（226—651）已灭亡将及百年，疑是萨珊波斯灭后、不肯臣服大食的陀拔斯单（Tabaristān ）王所遣（《新唐书》）或某些商贾冒充使节所致。玄宗时期残存下来的这些记载反映了部分情况，实际上，唐代太子、公主墓中的壁画和陶俑说明，猎豹的传入时间应比开元天宝时期早。根据《新唐书·百官志》“鸿胪寺”条记载，外国朝贺进贡、献马，由殿中省、太仆寺莅阅分拣；献药，由鸿胪寺验复少府监定价之高下：“鹰、鹘、狗、豹无估，则鸿胪定所报轻重。”[13]由此可见，当时经常性的贡物并不少。史载唐高宗永徽二年(651),大食始遣使通唐,是年波斯王伊嗣俟死,萨珊王朝灭亡，王子俾路斯退据木鹿（Marv / Merv）， 波斯全境已基本落入大食帝国之手。显庆二年（657），唐大破西突厥沙钵罗可汗阿史那贺鲁，唐朝势力到达石国（Chach，今塔什干）。显庆三年五月，唐徙西安都护府治于龟兹（今库车）。显庆四年九月，唐在石、米、史、大安、小安、曹、拔汗那等国置羁縻府州。马、狮、文豹的东来，从形势判断，殆从7世纪50年代末开始。

四、奇塔豹的特征

这种用于狩猎的文豹是一种哺乳类野生猫科动物，学名为 Acinoyx jubatus，它的名字在英语中作 cheetah。这一名称源于乌尔都语的 cita，后者又出于梵文的 citraka（斑，花斑），波斯语称之为“肉孜”（yūz），阿拉伯语称之为“法赫德”（fahd，复数为 fuhud、afhad）。由此可见，中亚地区人的名字中常见的肉孜或法赫德，应是来源于此字。奇塔分布在从俾路支以西到拉克、约旦的西亚地区，也见于阿拉伯半岛的汉志和北非撒哈拉大沙漠以南以北，但为数不多，主要产地是在北纬 25°~35°、地中海以东干燥的草原和丛林地区。

奇塔身细腿长，皮毛呈黄褐色，带墨斑，其面部特征为从内眼角以下、沿鼻梁两侧有黑纹连到口喙两端，爪为不可回缩式。现代哺乳类动物学家根据它的头型、齿型、不可回缩式的爪型、跳跃式的速跑本能而把它归为灰狗或灰灵狗之一种。在古埃及，奇塔豹和灰狗或灰灵狗两者是最常见、最常用的猎兽。奇塔豹的两大特性是嗜睡和善跑。西亚地区的旅行家和作家从古典时代以来就观察到这种身躯瘦健的猫科动物终日酣睡的习性，它只在破晓和黄昏时刻出没猎食。因此，在今天的阿拉伯语中，形容人嗜睡，就以“比法赫德还能睡”（anwamu min fahd）来表达。古代作家还注意到，奇塔豹不像其他猫科猛兽靠猛扑，而是以迅猛的追奔，在短距离内以矫健的身手抟击、捕获蹄类动物和野兔充饥。奇塔豹是陆地上奔跑最迅速的动物，它以跳跃的方式奔跑，每跳跃一次，跨越幅度 5 米以上，相当于人类运动员三级跳的距离。

在500米以下的距离内，它的奔跑速度为每小时96 ~ 128千米。这就是说，从理论上说，奇塔豹具有1小时左右从北京跑到天津的速度。但是，这种动物只是爆发力强，缺乏耐久力，所以瞪羚(gazelle)只要能够摆脱奇塔豹最初的突袭，在往后较量耐久力的追逐和逃逸中，往往可以甩脱后面的奇塔豹。这时候，奇塔豹只好无可奈何地停下来，眼睁睁地望着口边的食物迅疾逃去。

草原地区的猎人很早就发现奇塔豹性情温和。很多大型猫科动物（如狮、虎等）一见血腥，凶猛的兽性就勃然爆发，而奇塔豹已经没有了这种返祖习性，因而人们从很早就开始驯化奇塔豹。最早训练奇塔豹充当猎兽的应该是古埃及人，古埃及人具有与大自然和兽类磨合的非凡能力。当然，这种驯化也只能是部分地后天驯化，对能否做到在家中繁殖奇塔豹，以及在家中繁殖的幼豹在离开了母兽大自然的调教后是否还具有捕猎本领，学者间一直有不同意见。古埃及的驯豹技术随后传入两河流域的亚述帝国，即今叙利亚、伊拉克地区。

在伊朗和印度地区，人们对奇塔豹的驯养也应该起源很早。按照波斯的说法，豹猎始于萨珊王朝胡思老·阿劳什旺（Khustrau Anūshirwān，531—579）。著名诗人费奥多西（Firdawsī）在他的史诗《列王纪》（*Shāh Nāma*）中提到，传说中的Pishadādians王朝的王子Tahmūras是驯服野兽的创始者。书中有两句诗这样写道：Siyāh-gūsh o yūz dar miyān bargozīd/ Bācāra biāwūrdash az dashi o kūh，意为“他（指王子Tahmūras）从它们（指各种野兽）中选出了猞猁和奇塔豹，他用巧计从旷野和山间取得它们”。[14]在阿拉伯文献中，对于最早用奇塔豹狩猎的人有不同的说法，一说是5世纪阿拉伯半岛的内志(Nadjd)的库拉伊勃·瓦伊勒(Kulayb Wā'il)[15]，一说是 Basūs 之战的英雄 Kulayb ibn-Rabī'ah[16]。至于第一位使奇塔豹坐在马的后鞯上面的人，据说是倭马亚朝（661—750，即《旧唐书》“大食国”条的白衣大食）哈里发穆阿维叶（Muāwiyah）的儿子雅吉德一世（Yazīdl，680—683）[17]，他是倭马亚朝的第二位哈里发，酷嗜鹰猎和豹猎，是伊斯兰世界首屈一指的大猎手，从此在伊斯兰世界中，奇塔豹成为猎者不可或缺的助手。

豹猎从倭马亚哈里发朝流行于阿拉伯世界。奇塔豹主要用于捕猎瞪羚、羚羊、野驴、巨角野山羊、野兔及至鸵鸟。此后，伊斯兰各王朝成批豢养奇塔豹的哈里发、苏丹、显贵的名字多得不胜枚举。阿拔斯哈里发朝（750— 1055/1285，即中国史籍中的黑衣大食）继倭马亚朝兴起之后，又从波斯将打马球引进阿拉伯世界。唐代豹猎和打马球在贵族中风靡一时，金乡县主墓出土的陶俑以及在懿德太子李重润墓的壁画中即有驯豹形象，唐章怀太子李贤墓壁画中又有打马球图，可以断定这是受到了西亚的影响。从种种迹象推测，如狮子之来自碎叶，中国有文豹并用于狩猎，应自7世纪50年代末起从中亚传来。在欧洲，豹猎似乎是经过十字军东征的引介才在14世纪传入西西里和意大利的皇宫，然后再传布到法国、德国、英国宫廷以及贵族阶层中的，时间上大大晚过文豹的东传。安史之乱（755—763年）末期，肃宗宝应元年（762）建卯月诏，“停贡鹰、鹞、狗、豹”。[18]此后，吐蕃西进，9世纪40年代，回鹘西迁，西域形势的变化阻断了文豹的来源。

五、猞猁的特征

在金乡县主墓中，我们还看到另一具彩绘骑马“带猞猁”狩猎女俑。女俑身后，在靠近猎马臀部的红色圆鞯上，蹲踞着一只虎虎有生气的猞猁（Lynx Caracal），但这也有可能是一只与猞猁科属极为相近的林猫（阿拉伯语 tufah/thufah, hufā/thufā，学名作 Felis Chaus，英语 Jungle Cat），西亚也叫山猫或沼泽猞猁（Marsh Lynx）。猞猁和山猫在西亚经过训练都用于狩猎。猞猁亦称猞猁狲，也是哺乳纲猫科动物，学名 Felis caracal，体长 85 ~ 105 厘米，尾长 20 ~ 31 厘米。毛灰褐色，有时略带红色。体多黑斑，尾端黑色。辨认猞猁的主要特征是它的双耳直竖，耳尖各长一撮黑毛。而金乡县主墓出土的这具狩猎女俑所带的猞猁的耳朵上却缺少这撮黑色的毛，这也许是由于受到陶俑制作工艺的限制，也许是当年这具猞猁的耳端曾有毛丛，年深日久已经朽化。幸好章怀太子李贤墓中那幅表现四十多位骑马猎人集体打猎的壁画上画了一位猎师，在这位猎师身后的马背上，蹲踞着一只形象逼真的猞猁。幸赖当年绘制这幅壁画的画师的一丝不苟的写实精神，这只猞猁直竖的双耳上那两撮黑毛宛然俱在，可补金乡县主墓狩猎女俑所带的那只猞猁形象上的缺陷。在中国，人们一提起猞猁，首先想到的是它贵重的皮毛，却忘记了它在狩猎中曾经起的重要作用。金乡县主墓的带猞猁女俑的出土把我们带回历史上猞猁充当猎师重要助手的年代。在西亚，猞猁在不同地区名称繁多，在阿拉伯语中有 anāq-al-ard（意思是地下突然冒出来的坏蛋，详见下文）、unfut、ghundjul、qundjul、fundjul、hundjul、al-asad、shīb，bāwwāq 等十余种名称。在阿拉伯世界的汉志、非洲的苏丹和北非的某些地方还各有各的名称，兹不备举。在波斯语中，它的名字是 siyah-gūsh；在土耳其语中，它的名字是 qaraqulaq，都是“黑耳朵”的意思。在今日的英语中，caracal 即是从土耳其语中这种动物的名字演化而来。名称的繁多，证明猞猁在西亚、北非地区的狩猎中曾被广泛利用。

猞猁比奇塔豹轻，易于驮在马背后面；饲养猞猁，不像饲养奇塔豹那样麻烦。最重要的是，猞猁长年累月栖息在多岩石的丛林中，以鸟类和小型哺乳动物为食，练就了奇塔豹所不具备的另一手绝技，即除了能够捕获毛皮兽之类的哺乳动物之外，还善于捕捉羽毛禽类，如鹌鹑、大鸨、雁、鹤等。

令人略感遗憾的是，唐代诸多墓葬的壁画和陶俑在表现狩猎场面时，似乎只有犬、鹰、文豹、猞猁登场，却缺少了西亚狩猎中经常使用的雪豹（Ferret）形象，而雪豹在西亚是专门用来惊动和轰起隐身在林薮中的猎物，或作为扒掘獾窝、豪猪窝之用的。

不管怎样，今天人们通过李贤、李重润、永泰公主、金乡县主墓的壁画和彩绘陶俑看到文豹和猞猁在狩猎中的运用，这使我们得以重温在唐代中西文化交流史中久已失落的篇章。

六、中外文献有关奇塔豹的记载

奇塔豹主要用来猎取野兔和瞪羚。在让从野外捕捉来的野生奇塔豹充当猎兽之前，首先要对它进行驯化和调教。将奇塔豹调教得稳稳坐在奔跑的马的臀部的座鞯上任马驰骋，捕到瞪羚之后仍然听豹师的命令，都是极其困难的工作，两者任何一项不成功，都会使豹师脸上无光。[19]下文显示，在不远万里送到唐廷来的贵重动物文豹身上，实际上凝聚着人、兽两者无数的痛苦和艰辛。

记载豹猎的文献主要是阿拉伯文献。根据法国学者弗朗索瓦·威雷（Fran ç ois Veré）的检索，在多种阿拉伯文的狩猎书中，时代较早的一种是 10 世纪的 Kitāb al-Masāyid wal-matārid，传说为诗人库沙吉姆（Kushādjim，卒于 961 或 971 年）所作。然而此书实际上是一部二手资料汇编，书中大段抄袭前人的记述，主要抄袭倭玛亚哈里发朝作家的有关段落。威雷指出，此书中的奇塔豹章（Bāb al-fahd ）是一部研究奇塔豹的有用文献。稍晚，此书的这一章被逐字逐句地抄进哈桑·本·侯赛因（al-Hasan b. al-Husayn）的《鹰猎经》（*K.al-Bayzara*）之中。哈桑·本·侯赛因是法蒂玛朝（909—1171，史亦称“绿衣大食”）哈里发阿齐兹·比拉赫（al-Azīz billāh, 975—996）的鹰师。另外，佚名作者的 Bāb sayd al-fahd《猎豹章》记述了有趣的个人经验。殁于 1188 年的乌萨玛·本·蒙克兹（Usāma B. Munkidh）回忆幼年时父亲豢养一只非常温驯的雌性奇塔豹的情况，这只奇塔豹平时与家中大批的家禽、家畜和睦相处；而一旦出猎，它顿时表现出异常凶猛的本性。[20]

在所有记述兽猎的著作中，最重要的是穆罕默德·伊本·芒格利(Muhammad Ibn al-Manglī)在 1371—1372 年完成的一部作品。芒格利是埃及玛姆鲁克王朝（Mamlūks, 1250—1517）的突厥裔奴隶出身的著名战将和猎师，为玛姆鲁克王朝苏丹玛力克·阿施拉夫·沙班（al-Malik al-Ashraf Sha'bān, 764—778/ 1362—1377）的近侍和重臣。阿拉伯帝国的哈里发和贵族普遍热衷于狩猎，在当时，狩猎不但是一种富于刺激性的娱乐，而且还是一种风尚，借此排场显示自己高贵的身份和惊人的财富。除了娱乐和风尚因素之外，苏丹玛力克·阿施拉夫·沙班极其关心训练一支劲旅，以镇压境内的强藩和应付境外十字军的威胁。狩猎是练兵的重要途径，是综合训练耐力、坚韧、胆略、体能、技巧、战术的学校。毫无疑问，芒格利的这部著作归纳了他的长年积累的丰富经验，是阿拉伯文献中研究奇塔豹最透彻的、最详尽的文献。在每一相当叙述段落之后，芒格利往往再引前人的有关记述作为参证或资料补充，经他引用的前人文献，有书名的达 16 种之多。这部狩猎专著幸而有唯一的一份写本流传于世，即现今珍藏在巴黎法国国家图书馆东方写本部的阿拉伯文写本 2832 号，标题作 *Uns al-mala' bi-wahsh al-falā*（《本世界要人们之与旷漠动物的打交道》），凡 53 页，每页 23 行。弗朗索瓦·威雷将其译为法文，法译本书名作《论狩猎：本世界要人们之与旷漠野兽的打交道》。[21]此外，法国学者麦尔歇（L. Mercier）的著作《阿拉伯人的狩猎和运动》的第 4 章也讲到猎豹，取材于 15 世纪、16 世纪 al Ash'ari（848/1444）和 al-Fākihī（殁于 948/1541）的阿拉伯文著作（即藏于巴黎法国国家图书馆之阿拉伯写本 2831 号和 2834 号），内容基本上是前人记述的复述。[22]根据这一文献资料，本文以下即以弗朗索瓦·威雷译为法文的 14 世纪的芒格利的著作为主要的原始材料，参照威雷译本注中引用的其他阿拉伯文献，对捕捉、豢养奇塔豹和猞猁的情况作一简述。芒格利书中记述奇塔豹的一节很长，记述猞猁的一节较短。限于篇幅，下文只作节译，凡是译文，都有标出弗朗索瓦·威雷法译本的页数，不再一一出注。

为了捕得未来的猎豹，豹师需长年在外，顶着骄阳，侦伺、守候并选取不老不小、正值壮年的野豹。猎师一身三任，既是野外的侦伺守候者，又是驯化者和猎技调教者。埃及的古拉部落（Banū Qurra），约 7 世纪、8 世纪侵入北非的阿拉伯大部落之一的苏莱姆部（Banū Sulaym），是夙以捕豹致富的专业户部落，因发售训练好的猎豹获利颇厚。

芒格利论述捕捉和驯服奇塔豹时写道：

> 行家认为，一旦察觉奇塔的踪影，不宜立即向着它猛奔猛冲，而应该慢慢地潜步跟踪。如果是一个人的话，那么跟踪时不宜驻足，以免豹的踪影从视野中消失。如果是两个人的话，那么两人应当各在一侧跟进，使豹即便从这一侧人的眼前消失，也逃不掉另一侧人的监视。这样一直跟踪，直到豹子卧倒又要入睡。人们一旦看到它欠伸长卧，就再向它靠拢，驱使它从瞌睡中起立，这样反复跟踪骚扰，直到它困乏至极。当它再次躺下要睡的时候，人们应当跑近它的身前，但是只要看到它还稍有气力，就先不要过分贴近。到第三个回合，人越逼越近，直到它索性伸直了身子侧卧，见人也不再动弹。这时候人们就知道它困乏已极，任人摆布了。于是人们快速捉豹，拿着事先脱下来的一件长衫或大氅，做好一下子完全罩住它的脸部、让它什么也看不到的准备。人们行动的步子要快，悄无声息。人们戴着面具，不露面孔，透过

面具上有意留出来的缝隙监视豹子。如果豹子总是酣睡不醒，戴着面具的人就跨向跟前，投下大氅盖住豹子的头部，并从后面全身压到豹子的背上，但是不要使它窒息。人用手臂勾住它的脖颈，但不要勒得过紧。最好是用上身右胁压着豹子不让它扬头，同时用右胯和大腿压着它的下身使它不能活动，然后用事先准备好的绳索迅速拴住它的脖颈。结扣不可打得太紧，但也不能松到使它能轻易退出它的头部。绳索的另一头拴到附近的什么固定物上。如果没有这类固定物，那就拴到已经罩盖住豹头的衣服上，使得豹子即使在没有人压着它的时候也不能逃跑。豹子一旦被这样制服，擒豹人就能让助手分别拴住豹子的两条前肢和两条后肢，拴的部位是爪蹠以上。因为绳索如果拴在腱部，豹子在挣扎时可能使腱部受伤，留下残疾，日后有无法用于追猎之虞。当豹腿照这样被捆定之后，再在地上插上两支木桩，一支用来固定捆绑着前肢的绳索，一支用来固定捆绑着后肢的绳索。然后，擒豹人置身豹前，在蒙着豹头的大氅之下用结实的皮条箍住豹嘴，以防被咬。豹的前爪还被缠上破布，以好好保护它的利爪。（第92~93页）

奇塔豹的胆量看来很小，一旦被人制服，对人甚为畏惧，因此，在擒获豹子之后的多少天内，总是给豹子蒙着头或捂着眼。芒格利继续写道：

在考虑搬运擒获的豹子之前，擒豹人应当设法给豹子一块干酪，因为豹子只要一嗅到干酪的香味，就立刻开始舔舐干酪。这样一来，它就变得驯顺起来。然后擒豹人拿拇指大小的一肉块塞到豹子的口中，作为诱饵使它吞咽。每次重复喂食，擒豹人绝不能露出他的面孔，但是从这一天起，他可以把仍被捆绑着上肢、下肢的豹子的头从大氅下放出来。人只能戴着面具，从面具两边的缝隙中观察豹子。最好是豹子的头总是全部被蒙住，如此连续三天，豹子只从他手中吃到喂给它的食物。但是，如果擒豹人判断经过这一段时间豹子仍然还很害怕看到他的面孔，那么，他在喂食时还要继续戴面具。但是，他要不停地对围着豹子的人高声说话。（第93~94页）

以上是在野外的情况。

豹被转移到豹师家后，仍然被捆绑着固定在前后木桩之间，不过，这种按惯例给它套上紧身枷绊（qimāt），在它头下放上软草枕，身下加上睡觉的褥垫的做法，就是使它习惯未来马臀后座的预演。人不停地在它周围走来走去，豹师一直坐在它的身后。豹子每一扬头，豹师就把手中为它准备的干酪投到它的口中。

当豹师着手饲养豹子的时候，他挑选一个盆缘焊着一圈铁环的铜盆。他把手指伸进盛肉饲料的铜盆的一个铁环中，晃动着铜盆（使环铃叮当作响）。他要用心把生肉切成小块，非常缓慢地一块一块地投喂给它。（第94页）

豹子这样被钉在地面上五天之后，豹师拔去木桩，放松连着颈圈的皮带，使豹子能够抬起头来。七天之后，去掉用来固定绑缚着豹肩的绳索的木桩，使豹子可以挺起前胸。最后，第十天，去掉用来固定绑缚着前腿的绳索的木桩，换上结实的绊索拴上前腿，然后又去掉后腿木桩，绊上后腿。前后的绊索都很短，以防绊索绞缠住豹腿。（第 94~95 页）

这时候，豹子终于可以站起身来。

伊斯兰作家强调，驯豹的过程和驯鹰一样（……idjābat al-fahd ka idjābat al-bazī……）。在这十天内，豹师要不停地以干酪为饵，诱使豹子改为白昼吃食，并且在喂食的时候摇响铜盆，发出呼声，促它就食。在这十天内，豹师越来越勤地像熬鹰一样地熬豹，人们轮班守夜，不让它睡觉，据说“这可以加快它的驯化”。

只要它还吃食，即便看到它日见衰弱也不要紧，但是如果它拒绝吃食，那就要让它睡觉了，否则它就有无法复原的危险。（第 95 页）

为了使豹脱离野性，除了人不停地在它身边走动之外，还把它拴在屋外，面对熙来攘往的街道，使它习惯噪杂；有时让孩子们挑逗它，有时拴上皮带牵着它到市集上走走。

调教（ijaba）是从改变它的早、晚进食的生活习性开始的。

起头很难，不要忘记你对付的是敌视你的一头野生畜类，你只要对它温柔、体贴、爱护才能赢得它的亲近。其次，要知道，调豹是仿照调鹰的方式。到豹对你有了信赖，不再害怕走到人前吃食的时候，应该一连三天站着向它供食，使它习惯于挺起前胸，仰头探向铜盆。这样做的时候，谨防用眼睛盯着豹脸，以免它受到惊吓。三天之后，豹师设置一个离地 1 肘半（1 肘或称 1 腕尺 = 45.7 厘米）的支架，上面安置一个不大的平台（dakka），铺上豹子现已习惯于在上面睡觉的褥垫。当豹师判断可以向豹子喂食的时候，他给豹子换上一个结实的皮项圈，项圈上有可以转动的小环，连接着牵索（maras），他坐在平台上，一手拉着牵索，另一手摇晃带环铃的食盆。当豹子攀上平台取食时，豹师转身背对着豹子，把预先切成小块的食物从肘下一块一块地投饲给豹子，让豹子在自己的右臂下一口一口地进食。就这样一成不变地响环喂食，一天重复若干次。次日，支架调高半肘。就这样连续不断地调高支架喂食，豹子带着牵索，毫不勉强地蹿上相当于马的臀部的高度的平台。（第 95~96 页）

然后，固定的支架改为从房梁上吊下来的活动台面，使豹习惯未来在马臀部颠动的情况。

第七天，豹师牵来一匹特别老实驯顺的马，装上鞍鞯，马的臀部安放好豹子不知道怎么坐上去的后垫（rifāda），要把豹子就座的后垫部位全部蒙好，使豹子看不出是马的后部身躯。豹师先跨上鞍鞯，右手攥着牵豹索，把食盆放在背后的后垫上，一面摇盆作响，使豹子听到铁环声，一面不停地

> 抖动牵豹索，直到他的学生蹿上后垫。（第 96 页）

芒格利书还有若干细节，记述如何培训豹习惯于稳坐在颠簸的马垫之上，威雷根据其他书做了补充。限于篇幅，此处从略。在豹子习惯了坐在马臀后座上把盆中的食物吃得精光的时候，人们开始除去豹腿上的绊索，让它练习从马上安全跳下。最后，在撤掉所有助手的情况下，“豹师把豹子放在离马一百步的地方，然后呼叫豹子，使豹子跑来窜上后座”（第 97 页）。这样不停地以食为饵进行培训，直到豹子习惯于坐在奔驰的马的后座。

> 到了这一步，豹师着手使它恢复它的追捕（kasīra）的本领。一开始，豹师设法给它一只个头小的瞪羚让它追捕。当豹子要捕捉的时候，师父应当直接走向它，当面柔和地对它讲话，直到它懂得了要捕捉就捕捉瞪羚的两只后腿。这时候，师父跨步在豹身之上，割断瞪羚的喉管，而不向豹子强行夺过它的猎物。（第 97 页）

威雷根据其他记载补充说，当奇塔豹撂倒猎物的时候，豹师永远要跟进，割断猎物的喉管，用碗接血，供豹吸吮，换取从豹子口下拿走它猎获的兽体。豹师也不要忽略在豹子跃上马的后垫的时候，重新扣住豹子的颈圈，控制它不至于随意再冲向什么新的猎物。因为豹子猛扑上五六次，实际上已经精疲力竭，需要充分休息。

一旦豹子和豹师达到了彼此相互信任，有时候豹师最后圆满完成的培训工作就是教给豹子怎样别去袭击瞪羚的幼仔。我要就怎样训练得豹子只是追袭雄性瞪羚再说几句话（赞美真主，如果真主愿望如此）。当豹子逮住了一只雄性瞪羚，豹师就让它恣意地吃肉吃个足够。如果捉住的是一只雌性瞪羚或幼仔，就毫不客气地叫豹子放开。但是这时候如果需要喂它一些诱饵，那就只有在它放开猎物、跳上后垫时才喂。豹师每次都重复这一手法，由于豹子只能吃到雄性瞪羚肉，所以它也就只以雄性瞪羚肉为食，不想其他了。（第103~104页）

奇塔豹虽然聪明伶俐，但是毕竟还有兽性。

要是豹子染上对豹师生气、逃避豹师的坏毛病，你应该知道，这是它受到了伤害。它受到伤害的表现是，人走到它跟前时，它就神经质地用它的两只前爪拼命地刨地。当人们确定看到豹子这样发作，除了更换豹师之外，别无良策。（第104页）

有时候豹子也讨厌它的座马，下地之后不愿意再跳到马上，这种情况也很难纠正。

当豹子没有逮住猎物而折返的时候，它往往恼怒交加，愤怒无比，这时候，甚至有可能扑杀它的豹僮（师）。但是，

从本性上说，它很愿意与对它和善的人相亲相近。豹子被称为“猛兽中的狡猾惯窃”。（第 105 页）

芒格利总结驯豹的要诀说：

驯豹技巧的全部要诀在于：对豹温柔体贴，分份投食诱饵，调教它上马有方，调教它随马驰骋有术。（第 106 页）

当猎豹被认为训练好了（muhkam）之后，第一种使用的方式是用于狩猎——这多半是只有君主和王公大臣才能采用的方式。猎人从远距离侦查到猎物之后，轰出一只公羊或公鹿或野兔，也就是说在判断好猎物是雄性而非雌性时，猎人乘骑群起追赶，只在逼近猎物时放出豹子，由它扑杀猎物。

第二种是用于捕猎——这最为惊心动魄，因而也是最为人爱好的方式。捕捉活动全部由奇塔豹自己独立完成。猎师首先放开拴着豹子的牵索，把豹子放到地上，由豹子自己远距离侦查瞪羚。当侦查到猎物的时候，猎师向它做出一个手势，豹子就开始潜步靠近猎物，准备突袭。豹子非常谨慎，永远处在下风的位置，不使猎物嗅到它的气味。猎人也都伪装起来，在不被猎物发觉的地方观看。豹子匍匐向前，利用地形的起伏机敏地向猎物靠拢，稍有警讯，立即蜷缩蹲伏，寂然不动。这样一步步地时停时进，直到靠近它可以发起突袭的距离。当奇塔豹出击时，其动作是猛扑上去撕咬，只消几秒钟就利索地完成扑杀猎物的过程。严格说来，王公们只是躲在一旁观猎，全部捕猎工作——从侦查到捕获，皆由奇塔豹独立完成，全部过程充满着高度的刺激性。

第三种使用的方式是跟踪猎。猎人或领主找到兽群的足迹，静悄悄地跟踪，解开奇塔豹的牵索，纵之捕获猎物。豹子的迅疾矫健，往往在兽群惊散逃窜之前，已经撂倒几头猎物。

芒格利在他的书中也谈到了猞猁猎，但是记述很简单。他声明，猞猁猎主要流行于波斯、伊拉克和小亚细亚，他不熟悉这些地区，所做的探索也非常肤浅。

> 这种动物在波斯语中叫 siyākūsh（siyāh-gūsh），意思是“黑耳朵”。关于这种动物，有好多令人惊异的故事。由于它的毛色和地面的土色不分，因而阿拉伯人称它为“anāq al-arad”(地面上冒出来的坏蛋),人们讲了它的许多捕捉雁、鹤、鸨以及大型飞禽的独特方法。当狮子跑来要来抢夺它的猎物的时候，它甚至能够杀死狮子。它杀狮子的方法如下：当狮子向它扑来的时候，猞猁顺势滑向狮子前胸两肢之间，这是使狮子这种庞然大物不能抓住它的位置。它牢牢地钳住对手，使之无法脱身，然后既用它的前爪掐住、又用獠牙死咬狮子的喉咙，同时将它的身体贴紧狮身，后爪刺进狮子的皮内。在这种情况下，狮子甩掉它的袭击者的唯一办法是，如果近处有什么沼泽的话，赶紧跳入水中，淹没全身，只仰起吻端的鼻孔呼吸，舍此别无逃生之路。猞猁就是使用这样的办法杀死旷漠中与它争夺猎物的一切猛兽。(第 106~107 页)
>
> 从本性上说，猞猁由于身体较小，比奇塔豹凶猛，它能蹦到 10 肘(以 1 肘或 1 腕尺 = 45.7 厘米计算，10 肘为 4.57 米)

以上。波斯、摩苏尔和拜占庭地区最常用猞猁狩猎，但是，以波斯人最善于调教猞猁。人们称它们为“地上突然冒出来的坏蛋”，只是因为它蹿跳时简直就像从地面上弹射出来的一样，等到它的猎物看到它，已经落入它的利爪之中了。针对禽类逃避它时的冲天飞起的能力，它的弹跳一蹦可以高达20肘（约9米），跨度40肘（约18米）。（第107页）

芒格利的著作对我们来说意义在于，它记述的事实有助于今天解读唐代有关豹猎和猞猁猎的陶俑和壁画，给这些陶俑和壁画注入了我们不熟悉的内容，赋予它们以时代气息。人们脑中如果浮动着芒格利描述的栩栩如生的场面，静态的陶俑和壁画便不再默默无言，而是展现出文豹的迅疾矫健、猞猁的蹿跳入云、猎者的狂热激动。在中国，安史之乱以后，看来用于狩猎的文豹和猞猁断绝了来源。1206年蒙古汗国兴起后，法国方济各会士鲁卜鲁乞（Guillaume de Rubruquis / William of Rubruck，约1215—1270）在1253年东来，到达和林，见到大汗蒙哥。他在行纪中提到过猎豹和猞猁，但这些猎豹和猞猁已非来自西亚，而是来自印度。鲁卜鲁乞说：“我也看到印度苏丹使节送来八头豹子和十头灰狗，（豹子）被教会坐在马的后座之上。”[23]

1275年，马可·波罗来到中国。他在行纪中两处提到忽必烈大汗有很多用来猎鹿的豹子和猞猁。“大汗至少每周一次去看他的鹰舍中的鹰隼。他常常骑行在他的有墙圈的禁苑中，身后在马的后座上带着一头或几头豹子。当他看中什么野物，他就放豹捕捉，豹子就会立刻捕住一头牡鹿、山羊或鹿仔。他拿捕来的野物喂他的鹰舍中的鹰隼，他以这种方式消遣自娱。”[24]“你还可以知道，大汗有好多训练出来打猎的豹子，也有更多的训练好的打野物的猞猁。”[25]

在印度，如上所述，直到16世纪，豹猎还见于阿希·法兹拉·伊本·穆巴拉克（Abū al-Fazl ibn Mubārak，1551—1602）撰写的印度莫卧儿帝国阿克巴大帝的《阿克巴事纪》（*Akbar Nāma*）及其第三编《阿克巴政典》（*Aīn-i Akbarī*）。据《阿克巴政典》第27章第3节有关豹猎和第28章有关豹子的食物供应与豹师俸料的记述，我们得以了解许多印度豹猎的细节。[26]在印度，人们主要是用浅陷阱（odī）捕豹，以防伤及豹腿。有一次，冬季发情期间，一头雌豹掉进陷阱，它的六只雄性伴侣割舍不下，相随跳入陷阱中。驯豹已经形成一套制度。豹按等级每十头编为一组（misl或taraf），最上选的三组叫作“哈沙”（Khasa），这三组和另外的两组豹子养在宫廷之内，伺候哈沙的豹师达200人。阿克巴大帝酷嗜豹猎，1572年出征古吉拉特（Gujarat），途经拉贾斯坦（Rajastan），他分派人员分多组携豹出猎，自带随从另路出发。他解开豹索释放捕鹿的恰好是名叫Citr Najan的一头哈沙级豹（cīta-i khasa）。鹿夺命狂逃，面对峡谷，跃向空中达一矛半高，跨过了25码宽的峡谷。Citr Najan紧追不舍，峡谷虽阔，照样腾身而过，将鹿扑在爪下。皇帝大喜之下，提高了这头豹子的品阶，升它为豹子的首领。该豹出行，前面特设鼓吹。[27]阿克巴的皇苑中养豹最多时达到1000头。他在位46年，前后养的豹子共9000头。[28]豹的食物供应分为八等，一等豹每头每日得肉 5 塞尔斯（sers），以下按$\frac{1}{2}$或$\frac{1}{4}$塞尔斯递减，直到第八等每头每日得肉 $2\frac{3}{4}$ 塞尔斯。在早先，每一头豹指派四人培训和照料，后改为三人。相应地，豹师的俸料每位从 30 卢比到 5 卢比不等。伺候和照料豹子的僮仆也分高低两级，每级之内又细分八阶，工钱待遇不同。豹外出狩猎，往往盛装。有时乘象，豹子坐到象背上的一左一右的栏舆之内，每栏一头，豹脸朝外，随时准备扑向猎物。豹子乘坐的这种栏舆有时也放置在骆驼、马、骡背上。此外，豹子也用牛车或马车，有时由双人抬在类似滑竿轿（dooly）上送往猎场。[29] 在莫卧儿帝国，豹政由宫廷重臣掌管，职责在于监督豹师，查看豹子的装饰，为内廷和豹苑及时补充新豹。王公大臣经常在猎豹身上押注进行豪赌，这在豹猎的刺激性之外更增加了新的刺激。

由于豹猎的历史悠久，地域广泛，所以，在西亚、中亚地区的以狩猎为题材的纹饰中，豹纹意象也不时出现在钱币、印章、壁毯、对兽纹锦、陶器贴饰、器皿纹饰上面，表明当地人对豹的熟悉和喜爱。

注释

[1] 陕西省考古研究所 . 西安发现的北周安伽墓 . 考古与文物，2001（1）：13、17、22。

[2] 陕西省考古研究所 . 太原隋代虞弘墓清理简报 . 考古与文物，2001（1）：36、40。

[3] 韩保全 . 唐金乡县主墓彩绘陶俑 . 西安：陕西旅游出版社，

1997。

[4][日]广池千九朗，训点.内田智雄，订补.大唐六典(2).西安:三秦出版社影印昭和四十八年刊本，1991：41。

[5]同[3]：54~56。

[6]同[3]：52~53。

[7]旧唐书（标点本）（卷86）.北京：中华书局，1975：2835；资治通鉴（标点本）（卷208）.北京：中华书局，1956：6613。

[8]新唐书（标点本）（卷221）下.北京：中华书局，1975：6245。

[9]同[8]：6248。

[10]册府元龟（卷971）.北京：中华书局，1989：3848~3853。

[11]谢弗（Edward H. Schafer/ 薛爱华）.撒马尔罕的金桃——唐朝的舶来品研究（*The Golden Peaches of Samarkand: A Study of T'ang Exotics*）.柏克莱：加州大学出版社，1963：88；吴玉贵汉译本更名作《唐代的外来文明》，北京：中国社会科学出版社，1995：197。

[12]藤井纯夫.论《册府元龟·外臣部朝贡篇》所见西域诸国贡献的动物——豹（卷14）.1993：143~167。

[13]新唐书（卷48）：1258。

[14]转引自弗朗索瓦·威雷（Francois Viré）为《伊斯兰百科全书》（第2卷）撰写的“fahd（文豹）”条，莱顿E. J. Brill书店，1965：740。

[15]同[14]：738。

[16][17]希提（Philip K. Hitti）.阿拉伯史（*History of the Arabs: From the earliest times to the present*）.纽约：圣马丁出版社（New York : St. Martin's Press），1970：228。

[18] 新唐书（卷6）：165。

[19] Al-Asadī fol. 146a，转引自《论狩猎》的弗朗索瓦·威雷法译本，第267页。

[20] 本段所介绍的资料均引自弗朗索瓦·威雷撰"fahd（文豹）"条。

[21] 穆罕默德·伊本·芒格利（Muhammad Ibn al-Manglī）. 论狩猎：本世界要人们之与旷漠野兽的打交道 . 弗朗索瓦·威雷法译本，*De la chasse: Commerce des grands de ce monde avec les bêtes sauvages des déserts sans onde* . 巴黎：Sindbad 书店，1984。

[22] L. Ch. E. *Mercier. La chasse et les sports chez les Arabes.* 巴黎：M. Rivière 书店，1927。

[23] 柔克义（W. W. Rockhill . 鲁卜鲁乞行纪（*The journey of William of Rubruck to the eastern parts, 1253—1255, with two accounts of the earlier journey of John of Pian de Carpine*）. 伦敦：Hakluyt Society，1900：248；考狄（H. Cordier）订补，裕尔（H. Yule）刊本 . 马可波罗行纪（*The Book of Ser Marco Polo, the Venetian, concerning the kingdoms and marvels of the east*）. 伦敦：John Murray 书店，1903：306。

[24] 慕阿德（A. Ch. Moule），伯希和（P. Pelliot），会刊汇校 . 马可·波罗行纪（*Marco Polo: The description of the world*），伦敦：Routledge 书店，1938：185；考狄，订补 . 裕尔，刊 . 马可·波罗行纪（卷1）. 299。参见 Ed. Hyams. *Animals in the service of man.* Philadelphia/New York: J. B. Lippincott 书店，1972：53。

[25] 慕阿德（A. Ch. Moule），伯希和（P. Pelliot），会刊汇校 . 马可·波罗行纪 .1938：227；考狄，订补 . 裕尔 . 刊 . 马可·波罗行记（卷1）：397。

[26]布洛克曼(H. Blochmann),译.阿克巴政典(*āīn-i Akbarī*)(卷1),加尔各答孟加拉亚洲学会(Asiatic Society of Bengal)刊印度丛书第62种,D. C. Phillott订正第2版,1927:296~299。

[27]贝雄里奇(Beveridge),译.阿克巴事(*Akbar Nāma*).拉合尔Book Traders重刊本,1977:539。

[28]同[23]:298。

[29]同[23]:297~298。